AF311887

UNE FLEUR

DU

SANCTUAIRE

OU

LE MODÈLE DU SÉMINARISTE

ET DU JEUNE PRÊTRE

PAR

L'Abbé C. BOËL, Curé de Lans.

Consummatus in brevi
explevit tempora multa.

(Sap. IV; 13.)

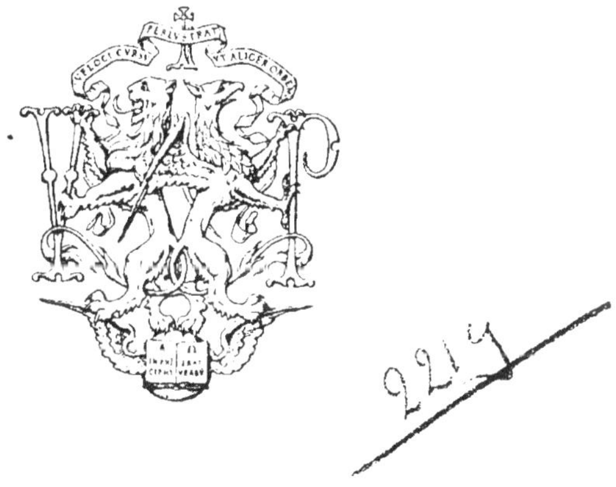

LYON

IMPRIMERIE ET LIBRAIRIE VITTE & PERRUSSEL

58, rue Sala, et place Bellecour, 3.

1886

UNE FLEUR

D U

SANCTUAIRE

O U

LE MODÈLE DU SÉMINARISTE

ET DU JEUNE PRÊTRE

Lyon. — Imp. Vitte et Perrussel, r. Sala, 58.

UNE FLEUR

DU

SANCTUAIRE

OU

LE MODÈLE DU SÉMINARISTE

ET DU JEUNE PRÊTRE

PAR

L'Abbé C. BOËL, curé de Lans.

Consummatus in brevi
explevit tempora multa.

(Sap. IV; 13.)

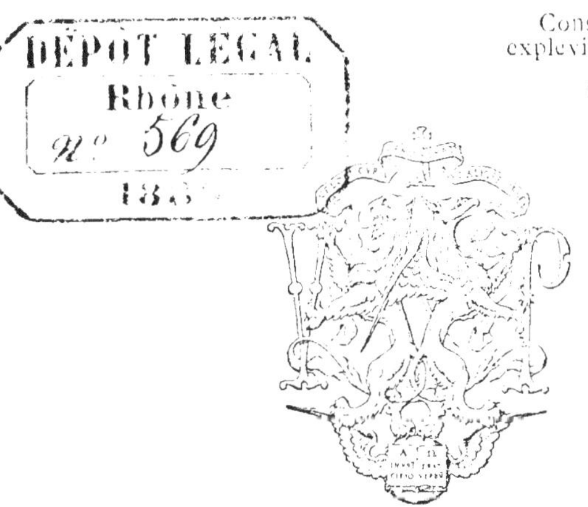

LYON

IMPRIMERIE ET LIBRAIRIE VITTE & PERRUSSEL

58, rue Sala, et place Bellecour, 3.

1886

A LA MÉMOIRE

DE L'ABBÉ

AUGUSTE HUSTACHE

Comme l'étoile, qui a besoin pour briller de
l'obscurité de la nuit, la vertu de l'abbé Hustache
s'épanouit dans le ministère le plus humble et
le plus caché. Son nom, ignoré durant sa vie,
commença à être connu de beaucoup par le
retentissement qu'eut sa sainte mort. Les nombreux amis qu'il laissait prirent sur sa tombe la
résolution de mettre sous les yeux de tous ce
parfait modèle du séminariste et du prêtre.

Dans l'accomplissement de ce pieux devoir, les
encouragements ne leur ont pas manqué. Nous
citerons le plus précieux de tous, celui de

M. l'abbé TENET, vicaire général, ancien supérieur
du Petit Séminaire de la Côte-Saint-André.

MESSIEURS,

*Vous désirez connaître ma pensée touchant
votre intention de donner, au public religieux,
la* VIE DE L'ABBÉ HUSTACHE, *que j'ai particulièrement connu pendant le cours de ses études
au Petit Séminaire de la Côte-Saint-André.
Je suis heureux d'avoir cette occasion d'ap-
plaudir à votre pieux dessein. L'esquisse des
qualités et des vertus de votre cher et regretté
condisciple ne peut qu'offrir le plus vif intérêt
d'édification, surtout aux jeunes lévites, et les
pages que vous consacrerez à sa mémoire ren-
dront hommage à la vertu elle-même.*

*Agréez, Messieurs, l'expression de mes sen-
timents affectueux et dévoués.*

TENET, v. g.

LETTRE DE Mgr L'EVÊQUE DE GRENOBLE

A L'AUTEUR

GRENOBLE, *le 17 Août 1886.*

MON CHER ABBÉ,

Le zèle qui vous a conduit aux missions loin-
taines, où votre santé a trahi votre courage,
vous a inspiré la pensée d'écrire la vie d'un
jeune prêtre, de vos amis, trop tôt ravi à la
terre. Mais il y a des lampes ardentes qui
achèvent avant les autres leur veillée devant
le tabernacle : l'abbé Hustache, que vous avez
si bien peint, leur fut semblable.

Qui saura vous lire, mon cher Abbé, ap-
prendra comment l'humble toit de nos cam-
pagnes sait abriter, en France, des familles

riches de foi, dignes de la plus haute noblesse par leurs sentiments élevés ; d'autant plus admirables dans leur grandeur chrétienne qu'elles l'ignorent absolument elles-mêmes.

Il n'y a vraiment, pour former de telles familles, au sein de nos villages, que la vérité catholique. Les sectaires l'ont compris, et ils ont juré d'abrutir l'homme des champs, en élevant ses fils et ses filles dans des écoles sans Dieu. Le Ciel ne le permettra pas, ce triomphe impie, qui ruinerait à jamais l'Eglise de France et la France elle-même.

Ceux qui vous liront, mon cher Abbé, apprendront à connaître les pieux exercices et les études sérieuses par lesquels se forment, dans nos séminaires, les jeunes lévites appelés à gravir les degrés de l'autel et à devenir les ministres de Dieu, pour le salut du peuple.

Avec une graine, un germe ignoré, le Créateur fait un arbre magnifique, un chêne qui ombrage au loin les arbustes qui l'entourent : avec un enfant inconnu, Dieu fait un prêtre, qui s'appellera Vincent de Paul, ou bien, dans *un éclat moins grand, Auguste Hustache, qui eût lui-même tracé parmi nous un sillon lumineux, si le Seigneur ne l'avait si tôt enlevé à notre amour et à la sainte Eglise.*

Ceux qui vous liront, cher Abbé, ne pourront s'empêcher d'admirer cette belle figure de pieux jeune homme et de vertueux prêtre, de respirer le parfum virginal qui s'exhale de toute sa vie, de s'agenouiller avec sa famille auprès de cette humble couche où il expira, et de saluer, à son départ pour le ciel, cette âme sacerdotale dont nous étions le père et l'ami.

Merci, cher Abbé, de l'avoir arrachée à l'oubli. Par vos soins, ce jeune prêtre continuera sa mission au milieu des lévites, qui s'édifieront de ses vertus et de ses exemples.

Je bénis l'ouvrage et son auteur.

† AMAND-JOSEPH,

év. de Grenoble.

M. le chanoine Rabilloud, directeur du Grand
Séminaire, après avoir lu et examiné le travail
s'exprime ainsi :

« Les lignes que M. l'abbé Boël a consacrées à la mémoire de son saint condisciple,
M. Hustache, seront lues par tous les chrétiens
avec beaucoup d'intérêt et d'édification. Elles
offriront aux jeunes clercs un modèle parfait, et
seront très propres à affermir dans le cœur des
prêtres les résolutions prises durant les années de
Grand Séminaire.

« E. Rabilloud.

« *Chan. hon., directeur du Grand Séminaire*
de Grenoble. »

CHAPITRE PREMIER

 quelques kilomètres de la Mure, le
pèlerin de Notre-Dame de la Salette
cesse quelquefois de suivre la route
de Corps pour en prendre une autre plus
ombragée et plus solitaire qui le conduit
dans l'étroite vallée de Valbonnais. Ce ne
sont d'abord que d'immenses montagnes
très resserrées, laissant à peine un passage. Mais peu à peu l'espace qui les sépare
s'élargit et l'on arrive bientôt à une espèce

d'amphithéâtre de roches granitiques. Rien n'est plus varié que ce paysage qui peut avoir deux lieues de long sur une de large. Les yeux rencontrent à l'horizon une ligne de montagnes dentelées, aiguës, à arêtes vives et le plus souvent couvertes de neige. Dans la plaine, la végétation est belle et la culture serait même facile, si çà et là, au milieu des champs et des prairies, le laboureur ne rencontrait d'énormes blocs recouverts de mousse et de bruyères. Au fond de la vallée s'élève le village d'Entraigues, assis au pied du Vet, au confluent de la Bonne et de la Malsanne, et à une petite distance du Gargas, montagne de la Salette. C'est là que naquit Auguste Hustache, au mois de juillet 1853.

La naissance de cet enfant, près de l'endroit où Marie apparut à deux pauvres bergers, peut être regardée comme l'heureux présage de sa tendre dévotion à la Reine des Vierges, dévotion qui ne fit que s'accroître jusqu'à son dernier soupir. La seconde grâce que lui fit Dieu fut de placer son berceau au sein d'une famille assez peu favorisée de la fortune, il est vrai, mais profondément chrétienne. Pour être vertueux, il n'eut qu'à regarder autour de lui et à suivre des conseils que l'exemple accompagnait toujours. Dans un milieu aussi favorable, Auguste se distingua bientôt entre tous les enfants de son âge par les heureuses dispositions de son âme. Pieux et modeste, il faisait ses délices de la prière. Un jour que ses parents avaient été retenus par les travaux des champs jusqu'à une heure avancée de la nuit, sa mère l'envoya prendre son repos avant la prière commune de la famille : « *Maman, dit-il alors, aidez-moi à parler à l'Enfant Jésus* ». Et sa mère, en s'entendant rappeler un devoir, que du reste elle n'oubliait pas, fut attendrie jusqu'aux larmes.

Plus d'une fois on le surprit faisant une inclination très profonde et même une génuflexion devant l'humble croix qui borde le chemin ; plus d'une fois on le vit s'agenouiller au milieu de la prairie pendant que son troupeau paissait tranquille. C'est ainsi que s'écoulèrent les premières années d'Auguste jusqu'à sa première communion : il croissait en âge et en sagesse. C'est un grand acte dans la vie, que celui de la première communion, car de cette première visite du Seigneur dépend presque toujours l'avenir de l'enfant ; c'est le jour où l'on signe son éternité, selon l'expression d'un petit ange de douze ans. Auguste le comprenait ; il se prépara avec une ferveur admirable et reçut son Dieu dans un cœur tout embrasé d'amour. Que se passa-t-il dans son âme en ce moment solennel ? Dieu seul le sait ! Mais ce que tout le monde put apercevoir, c'est que sa piété reçut un accroissement très sensible. Jusqu'alors sa conduite avait été édifiante ; dès ce moment elle fut marquée au coin de la sainteté. Inaltérable douceur de caractère, obéissance prompte, amour du devoir en vue de plaire à Dieu, grande énergie pour surmonter les obstacles, tels furent les précieux fruits de sa première communion. En voyant la modestie de son regard et de sa démarche, en entendant le son de sa voix qui pénétrait jusqu'au fond du cœur et faisait aimer Dieu ; on commençait à dire autour de lui : Voilà un petit saint. Il fuyait le monde et il le ravissait d'admiration !

M. Doulat, curé d'Entraigues, en fut frappé

plus que personne. Une piété angélique, jointe
à un riche fond de qualités naturelles, parut
à sa longue expérience l'indice certain d'une
vocation au sacerdoce. Cependant il ne voulut
rien précipiter ; il attendit, il l'éprouva...
Pleinement convaincu, il s'en ouvrit à l'enfant;
Auguste ne répondit que par des larmes de
joie. Il avait déjà entendu l'appel de Dieu,
mais ses parents étaient pauvres. Dès ce jour,
il fut admis au presbytère pour commencer
l'étude du latin. Le travail ne lui fit point oublier ses exercices de piété ; chaque matin il
servait le prêtre à l'autel avec une modestie
au-dessus de son âge ; après la classe il retour-
nait souvent à l'église faire le chemin de la
croix ou prier devant l'image de Marie. La
dévotion à Marie fut, dès l'âge le plus tendre,
la passion de son cœur. On raconte que le
bienheureux Stanislas Kostka, tout jeune encore, puisait dans l'amour de cette bonne
Mère non seulement cette pureté qui fait de
l'enfant un ange, mais encore les lumières qui
font l'élève brillant. S'il rencontrait une difficulté, il avait recours à la sainte Vierge et
la difficulté était vaincue. Ne pourrions-nous

pas attribuer à la même cause les succès si rapides et si constants d'Auguste ?

Après une année de classes au presbytère, il put entrer avec un bon rang au Petit Séminaire de la Côte-Saint-André. Dès le premier jour, il se concilia la confiance de ses maîtres et l'affection de ses condisciples. Il fut toujours dans cette maison un excellent élève, le modèle de sa classe et du Séminaire. Tout entier à l'accomplissement de ses devoirs, laborieux aux heures d'étude et de classe, il était encore admirable au temps des récréations. D'une affabilité qui n'exceptait personne, il aimait surtout à jouer avec ceux qui étaient rejetés des grandes parties, à cause de leur faiblesse ou de leur peu d'adresse. Rien de plus touchant que de le voir au commencement de l'année auprès de ceux qui pleuraient et regrettaient la vie de famille. Son entrain et sa franche gaîté avaient bientôt séché les larmes ; personne ne pouvait résister à la bonté de son cœur.

Une de ses grandes joies, au Petit Séminaire, fut d'être inscrit sur la liste des congréganistes de Marie Immaculée. Le choix de ses condisciples l'appela même aux différentes charges de cette pieuse confrérie ; il en fut successivement sacristain, conseiller, et à plusieurs reprises, préfet.

Scrupuleux observateur de la règle, il en était pour tous la personnification. Aussi, avec quel bonheur avons-nous lu le règlement écrit de la main de ce vertueux élève et qui porte les traces d'un long usage. Plusieurs fois nous l'avons baisé avec respect ; il était bien pour quelque chose dans cette vie si édifiante. Qu'on nous permette de citer ici quelques lignes adressées par notre jeune préfet de congrégation à l'un de ses amis, nouvellement reçu dans la sainte phalange. Nous croyons savoir qu'un prêtre, parfait imitateur d'Auguste, les reconnaîtra sans peine et les lira avec plaisir :

« *Hoc fac et vives !...* Oui, tu vivras, heureux enfant de Marie, parce que tu as entendu la voix d'une Mère. Sa douce main a pris la tienne, c'est pour te conduire au ciel... La route est semée d'épines ; mais qu'importe ! Dieu sera là pour te soutenir. Jésus et Marie ne te quitteront pas ; tu ne les quitteras jamais... Que tu es heureux ! Ensemble remercions le bon Dieu qui t'a choisi entre tous... Que tu es heureux d'avoir compris combien il est doux d'être à Jésus et à Marie sans retour ! Oh ! n'est-ce pas, nous les goûterons toujours ces charmes ineffables, on nous aime trop au ciel pour que nous laissions mourir notre cœur ici-bas. Tous nous n'aurons des regards que pour les tourner vers notre céleste patrie. Tous nous prierons ensemble chaque jour ; ensemble nous travaillerons à notre salut. Si la chose est difficile, cher ami, ne te décourage pas : des frères nombreux t'aideront avec toute l'ardeur d'une amitié que Marie rendra chaque jour plus forte. Oui, entre avec un cœur plein de courage dans la milice de la Vierge Immaculée. Tu combles de joie des frères qui t'attendent, et en te voyant, ta Mère sourit au ciel. »

Quel parfum de piété s'échappe de chacune de ces lignes ! On sent une âme embrasée de l'amour de Marie et qui veut le communiquer à tous. Ce fut en effet le caractère de la piété d'Auguste. Aimé de tous ses condisciples, il ne se servait de son ascendant que pour les porter à Dieu. Exemples, sages conseils donnés dans l'intimité, prières, il n'épargnait rien pour réussir dans son œuvre de zèle et le succès le plus complet couronnait presque toujours ses efforts, tant les charmes de sa piété la rendaient communicative. Dieu aimé, c'était sa joie. La moindre offense au contraire le contristait et sa physionomie ordinairement si calme portait bien vite l'empreinte de la douleur.

Un jour un élève fut renvoyé par M. le Supérieur du Petit Séminaire; sa faute était très grave.

Auguste courut se prosterner au pied du saint Tabernacle et arrosa de ses larmes les marches de l'autel. Surpris dans cet état de désolation, il avoua ingénument qu'il pleurait l'injure faite au bon Dieu et le scandale qui pourrait en résulter pour ses condisciples.

Ame généreuse et vraiment digne d'avancer vers le sacerdoce !

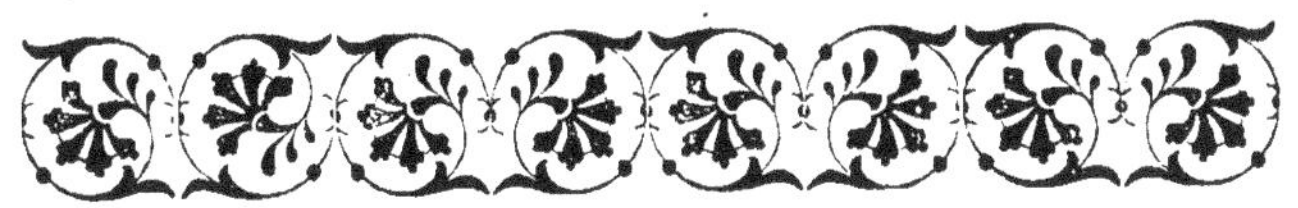

CHAPITRE II

Dans une communauté de jeunes gens,
tous sortis de familles profondément chrétiennes, les élèves pieux et laborieux ne sont
pas rares. Cependant même dans ces maisons
il y a un degré de soumission, de candeur,
de simplicité et de douceur qui n'est atteint
que par un petit nombre. Auguste fut véritablement un élève selon le cœur de Dieu ; il y
avait dans toute sa personne comme un reflet

de la grâce divine et de la beauté de son âme. Rien en lui ne sentait ni l'étude, ni la gêne, ni les manières d'emprunt. Dans tous ses rapports il était plein de prévenance et d'amabilité. D'une humeur toujours égale, son gracieux sourire lui gagnait tous les cœurs. Les nombreux succès qu'il obtint pendant ses études n'excitèrent jamais la moindre jalousie, tellement il paraissait naturel que celui dont le cœur était si pur trouvât les plus beaux accents pour célébrer la vertu. Ainsi lorsqu'on lui décerna le premier prix en classe de troisième pour une petite poésie pleine de grâce et de fraîcheur, *la Vierge des Ruines*, la salle de réunion retentit d'applaudissements dont tous ses condisciples conservent encore le souvenir. Les années suivantes ses travaux figurèrent toujours avec honneur dans le petit tournoi littéraire du Mois de Mai. Des acclamations spontanées l'interrompirent même plusieurs fois pendant qu'il en faisait la lecture publique. C'est ainsi que personne n'a oublié cette strophe où il peint les jeunes gens devenus esclaves de leurs passions :

Leur front où scintillait hier encore une étoile
Est sombre maintenant, la tristesse le voile ;
Le remords les atteint :
Leur cœur n'a plus d'amour, leur œil n'a plus de flamme :
Dans le plaisir infâme
Tout périt, tout s'éteint.

Puis après quelques vers :

Je veux, ainsi que la colombe,
O Vierge, apercevoir ma tombe
Sans que jamais le vice impur
N'ait maculé mes ailes d'Ange.
Je veux mourir sans que la fange
N'ait jailli dans mon œil d'azur.

Nous aurions pu faire de nombreux extraits des Annales du Séminaire, mais le cadre que nous nous sommes fixé ne le permet pas. Nous nous bornerons à transcrire encore une petite prière que le jeune poète met dans la bouche d'un enfant et dans laquelle son cœur innocent et pur se réflète comme l'azur du firmament dans le cours d'une onde pure. Ce petit ange de la terre accablé de tristesse est prosterné devant la Vierge :

Oh ! laissez-moi. Dans le silence
Je veux exhaler ma douleur,
Au Ciel est la seule espérance
Qui puisse consoler mon cœur.

O Marie ! O Reine immortelle !
L'air qui gémit dans le vallon,
Le jeune enfant qui dit ton nom

. . . .

. . . .

. . . .

L'orgue pieux du sanctuaire,
Les cantiques de la prière
Ont moins de charmes que ta voix ;
Moins doux est le parfum des roses,
Moins suaves toutes les choses
Qu'on apporte au palais des Rois.
On me demande, aimable Reine,
Ce qui de mon cœur fait la peine
Et me remplit les yeux de pleurs :
Tu le sais bien, Toi dont le monde
Ne peut comprendre les douceurs.
Quand sur la mer vaste et profonde,
La nef errante et vagabonde
Périt s'abîmant dans les flots,
Demande-t-on aux matelots
Pourquoi leurs cris et leurs sanglots ?

. . . .

Auguste demeura humble au milieu de ses succès. A-t-il remporté des palmes vaillamment disputées et pour cela désirées avec plus d'ardeur ? Il les attribue à Marie et les dépose à ses pieds. Si quelquefois la victoire lui échappe, il en profite pour s'humilier. Il est le premier à féliciter son heureux rival, et cela avec la plus grande cordialité. — En voici un exemple tiré d'une lettre à sa famille.

Mes bien chers Parents,

Le mois de la sainte Vierge vient de finir. Il a été court, très court, car nous voudrions bien le voir durer encore. Nous avons beaucoup travaillé : il est si doux de travailler pour Marie ! C'est bien pour Elle et pour Elle seule que j'ai travaillé cette fois.

Voici comment. Vous savez que pendant ce beau mois il y a au Séminaire, outre les autres concours également en son honneur, un concours littéraire. Or depuis longtemps déjà notre bien aimé professeur (1) m'avait fortement engagé à ne rien négliger pour faire un devoir qui pût honorer la classe et surtout plaire à la sainte Vierge. Il me donna plusieurs sujets que je commençai et quittai tour à tour d'après son ordre. A la fin il m'en désigna un que je dus traiter définitivement. Je me mis à travailler sans relâche. Vers le milieu du mois, ayant composé deux cents vers, je les lui montrai. Il fut loin de me faire des éloges, et sur son conseil, je dus recommencer sur un autre plan. Je fis alors un suprême effort et à la fin du mois je pus lui apporter quatre cents vers. Mon nouveau travail ne valait guère mieux que le premier. Je n'ai eu que la seconde place et encore pour encouragement, je suppose : la quantité de la marchandise a remplacé la qualité. Eh bien ! le croiriez-vous ? Je suis

(1) M. l'abbé Penin, professeur de rhétorique.

plus content que si j'avais eu la première. Tant il est vrai que lorsqu'on travaille pour Dieu, n'eût-on point de succès, on est toujours cent fois mieux récompensé qu'on ne l'eût été avec le succès, en ne travaillant que pour les hommes.

D'ailleurs ce n'est pas fini ; il me reste à vous parler d'une composition en histoire que j'ai faite hier d'une manière horrible. Je la savais cependant, ou du moins je croyais la savoir ; mais le sort ne m'a pas favorisé. Nous avons eu à traiter des questions auxquelles je n'avais pas même songé. J'aurai sans doute une mauvaise place ; ce qui me fera bien tort, car je tenais le premier prix, mais que la volonté de Dieu soit faite. Si la moisson est un peu moins abondante cette année que l'année dernière, ce ne sera pas faute de travail, je vous assure. Les sueurs n'ont pas manqué non plus. Vous ne serez pas moins contents de moi, n'est-ce pas, chers parents ? Mon orgueil seul en souffrira un peu, mais ce n'est pas un grand mal, et j'en suis consolé d'avance...

Adieu, mes chers parents.

Votre fils qui vous aime toujours de plus en plus,

Auguste HUSTACHE,
Enfant de Marie.

On croit trop communément que la piété tue ou affaiblit dans le cœur du chrétien toutes les affections naturelles. Erreur ! C'est le christianisme qui a ramené la charité sur la terre, et c'est lui qui la conserve et la nourrit.

Rien n'est plus tendre que le cœur du chrétien fervent. Tous les trésors d'affection que les autres jettent en pâture à leurs passions, il les conserve, lui, pour le sanctuaire béni de la famille, pour ses amis, et son amour est d'autant plus fort et plus constant qu'il n'abandonne jamais le chemin du devoir.

Nous en avons un exemple sous les yeux. Auguste aimait beaucoup ses parents, ses maîtres, ses amis ; avec eux, son abandon était complet, sa franchise parfaite. Comprenant les grands sacrifices que ses parents s'imposaient pour subvenir à toutes les dépenses de son éducation, mesurant dans son cœur combien il leur était dur de vivre si loin de lui, il s'efforçait d'adoucir leurs peines par une correspondance où son âme se révèle tout entière. Tantôt il les console et les encourage, tantôt il les entretient de ses travaux, de ses succès, de ses petits revers, avec une humilité charmante. On a déjà pu en juger ; la lettre suivante achèvera de faire connaître notre ami sur ce point :

J. M. J.   Petit Séminaire de la Côte-Saint-André.

Mes bien aimés parents,

Vous dire tout le plaisir que m'a causé votre dernière lettre est chose impossible. Papa se porte bien. Oh ! s'il en est ainsi, la sainte Vierge est vraiment trop bonne. Oui, je le vois, le bon Dieu est un excellent père qui n'abandonne jamais ses enfants pieux et dévoués.

Cet hiver j'avais plus sujet de craindre que jamais, et toutes mes craintes ont été vaines. Les voyages de papa, matin et soir, le froid excessif, tout m'alarmait. Eh bien ! non, le bon Dieu veut que malgré ses travaux il se porte bien.... Et après cela, nous ne l'aimerions pas, ce Dieu de clémence ! Oh ! qu'ils sont à plaindre ceux qui ne l'aiment pas !

Et maman, est-ce qu'elle va très bien aussi ? Elle doit avoir beaucoup de peine, malgré les heureux changements qui se sont opérés. Est-elle au moins bien rétablie ? Ses faiblesses, ses souffrances presque continuelles ont-elles disparu ? Je n'ose le croire, ce serait trop de bonheur. Et pourtant c'est là ce que je demande chaque jour pour elle à notre bonne Mère du ciel. Elle m'exaucera certainement, pourvu que vous, bien aimée Maman, vous n'y mettiez pas trop obstacle. Il serait si juste de vous soigner un peu, après avoir si bien soigné les autres ! Allons ! vous allez me le promettre, ainsi que vous, mon cher Papa, vous vous reposerez un peu de temps en temps. Vous ne vous lèverez plus si matin ni ne vous coucherez si tard.

N'est-ce pas, chère Sœur, qu'ils me le promettent et que tu y veilleras ? Que tu es heureuse, toi, d'être auprès d'eux ! Tu ne sais pas combien ton pauvre frère envie ton bonheur. Tu as mille occasions de causer à ces bien aimés parents un plaisir nouveau. Bonne et soumise toujours, tu sais alléger leurs travaux. A chaque instant tu peux leur témoigner ton affection ; à chaque instant tu reçois une preuve nouvelle de leur tendresse ; à chaque instant ils sont là pour te diriger de leurs conseils. Suis-les toujours bien ces conseils d'un père, d'une mère ; connais ton bonheur !... Tu ne sais pas combien on se trouve seul et isolé lorsqu'on est loin de ces êtres chéris. Il est si pénible de ne plus les voir, de ne plus entendre leur voix ! Pour la cinquième fois, je suis éloigné d'eux ; eh bien ! cette absence m'est toujours aussi sensible que le premier jour.

Cependant, chers Parents, n'allez pas croire que je ne sois pas heureux ici. Je suis aussi content qu'il est possible de l'être ; chaque jour m'apporte dans le calme sa petite félicité. Les jours de fête surtout, quel bonheur ! Le trente et un mai, nous célébrions la fête de Notre-Dame du Sacré-Cœur. L'autel de Marie était magnifiquement orné ; on ne voyait que guirlandes et que fleurs. Beaucoup de cierges formaient un M ardent ; d'autres couronnaient le chœur et le reste de la chapelle ; des oriflammes flottaient tout autour. Après la récitation de la prière et le chant d'un cantique, M. le Supérieur (1) nous parla pendant

(1) M. l'abbé Tenet, alors Supérieur du Petit Séminaire, aujourd'hui Vicaire Général.

une demi-heure de la belle vertu de pureté et des moyens de l'acquérir ou de la conserver. Vraiment, si l'on entendait souvent des exhortations comme celle-là, on serait plus sage.

Le concert vocal a ensuite exécuté un morceau des plus touchants en l'honneur de l'auguste Reine du Ciel ; c'est le plus gracieux peut-être que j'aie jamais entendu.

A ce moment, j'étais à la tribune, en ma qualité de sacristain ; je surveillais l'ensemble des décorations. Je ne pourrai jamais vous dire ce que je ressentis de douces émotions. Ces chants, ces lumières, ces têtes inclinées, et surtout cette Madone si brillante et si radieuse, tout concourait à me jeter dans ce vague immense qui semble nous élever peu à peu jusqu'au ciel, en nous faisant oublier toutes les vanités de cette pauvre terre. Je me jetai à genoux, moi aussi, et je priai, vous savez pour qui ? Pour vous tous, mes bien aimés Parents. Que ma prière me sembla fervente alors !

Le salut du Saint-Sacrement suivit ; on chanta encore et nous partîmes le cœur rempli de cette joie que le bon Dieu seul donne.

Mais je m'aperçois que ma lettre est déjà longue.

Adieu, chers Parents, je vous embrasse de tout mon cœur.

Auguste Hustache,
Enfant de Marie.

Dans les recommandations qu'il fait à son disciple Timothée, l'apôtre saint Paul insiste sur la nécessité de s'exercer à la piété, parce qu'elle est utile à tout, qu'elle a les promesses de la vie présente et de la vie future. De bonne heure notre ami comprit ce précepte et sut le mettre en pratique. Nous ne craignons pas de dire que c'est à cela qu'il dut d'exciter partout une véritable admiration chez ceux qui eurent le bonheur de le connaître. La piété féconda merveilleusement les heureux germes que Dieu avait déposés dans son intelligence et dans son cœur. Elle présida à ses études littéraires qui furent fortes, je dirai même brillantes ; elle le guida dans l'étude de la philosophie dont il remporta le premier prix. En le couronnant, à la fin de l'année, Mgr Paulinier, alors évêque de Grenoble, reçut de M. le Supérieur le secret des espérances qu'on fondait sur ce jeune élève. Chacun aimait à se le représenter dans un avenir prochain, traçant dans le champ de l'Eglise un sillon large et profond.

CHAPITRE III

*Entrée au Grand Séminaire de Grenoble. — Premières
impressions. — Retraite de la tonsure.*

Auguste Hustache entra au Grand Séminaire de Grenoble le 6 octobre 1873. Oh !
qu'elles furent douces les émotions qui firent
battre son cœur lorsqu'il posa le pied sur le
seuil du sanctuaire ! Quels sentiments d'amour
et de gratitude ! C'est là qu'allaient se réaliser
les vœux les plus ardents de sa jeunesse, la
sainte espérance qui avait si souvent fait couler ses larmes. C'est là qu'il devait mettre en-

tre lui et le monde un abîme éternel par le sous-diaconat ; c'est là qu'il devait monter au saint autel pour la première fois. Aussi il ne put s'empêcher de dire : « *Mon Dieu, me voilà donc au Grand Séminaire, faites que je n'en sorte qu'après être devenu un saint.* » Pour mieux assurer la réalisation de cet ardent désir, il courut se prosterner au pied de l'autel de la sainte Vierge, où ses condisciples le virent ensuite bien souvent, et là il versa, en l'accompagnant de ses larmes, le trop plein de son cœur.

Heureuses larmes ! larmes les plus douces qui soient répandues ici-bas.

Le jour même de son entrée au Grand Séminaire, Auguste Hustache, en compagnie de quelques condisciples, rencontra dans le grand corridor de la maison un noble vieillard, évêque missionnaire. Tous de tomber à genoux, et le pontife courbé par les ans et les labeurs d'un rude apostolat bénit ces jeunes lévites qui entraient avec la plus généreuse ardeur dans la milice sainte. Plus tard, l'abbé Hustache aimait à se rappeler le souvenir de cette bénédiction précieuse, et disait que sa préparation sacerdotale ne pouvait commencer sous de meilleurs auspices.

L'année théologique s'ouvre par un examen oral préparé pendant les vacances. Le succès de l'abbé Hustache fut complet et satisfit tout le monde. On ne savait ce qu'il fallait le plus admirer, ou de ses réponses justes et précises ou de sa modestie.

Après l'examen, la retraite. Elle dut être bien fervente, car il l'avoue lui-même dans ses notes, en se plaignant de n'avoir pas conservé toute sa ferveur.

« Dans ma première retraite, j'étais bien fervent, il m'en souvient, ô mon Dieu !.. Je vous promis beaucoup de choses alors. Mon Grand Séminaire allait être une vie céleste, où toutes mes pensées, toutes mes paroles, toutes mes actions seraient pour vous. Mais hélas ! la tiédeur est revenue. Je me suis familiarisé avec ces grandes choses qui m'avaient tant frappé. Mes prières ont été faites sans attention, mes communions avec froideur, et chaque jour m'a éloigné davantage de mes bonnes dispositions. Si parfois il me revenait de ces moments d'enthousiasme et d'amour,

ce n'étaient que des moments et tout se per-
dait bientôt dans une torpeur coupable. Tout
cela, vous le savez, ô mon Dieu ! mais je vous
le dis afin de m'exciter à vous demander pardon et me disposer, par votre grâce, à mieux
faire désormais. »

Quoi qu'en dise notre humble lévite, ce qui
frappa toujours dans sa conduite au Grand
Séminaire, ce fut son observation scrupuleuse
de la règle. Jamais il ne rompait le silence, à
moins que la charité ne lui en fît un devoir.
Son application à l'étude n'était pas moins
louable. Presque continuellement souffrant, il
ne se relàcha point de son travail, et même il
se montra disposé à lui sacrifier la plus douce
jouissance de son cœur en abrégeant sa correspondance avec sa famille. Il aimait beaucoup sa petite cellule, justifiant en cela les
paroles du pieux auteur de l'Imitation : *Une
cellule bien gardée fait le bonheur de celui qui
l'habite fidèlement.*

Ses rapports étaient des plus faciles. Si on
allait à lui, on était sûr d'être accueilli par un
doux sourire. Il causait ensuite avec une noble aisance, beaucoup de charité, mêlant de

temps en temps une pensée pieuse, mais bien simplement, sans aucune prétention. Ce fut dans la pratique de ces vertus si douces, si humbles et en même temps si méritoires que s'écoulèrent pour l'abbé Hustache les premiers mois de Grand Séminaire. Par une faveur faite à un petit nombre, il fut appelé à la tonsure, à Pâques. Quels furent ses sentiments en apprenant cette heureuse nouvelle? Nous n'avons qu'à les transcrire, ils sont exprimés dans une lettre à ses parents.

J. M. J.   Grand Séminaire de Grenoble.

Je me hâte de vous écrire deux mots seulement, mais ils vous feront plaisir. M. le Directeur sort de ma cellule ; il m'a dit avec sa bonté ordinaire : « *Mon enfant, vos maîtres ont jugé à propos de vous appeler à la sainte tonsure ; c'est une faveur, montrez-vous en digne en vous y préparant très bien.* » L'émotion m'a gagné, je n'ai pu répondre. Il était déjà sorti, et toujours immobile, je n'avais pas quitté ma place. Puis je suis tombé à genoux devant mon crucifix ; les larmes coulaient brûlantes de mes yeux et je ne pouvais que répéter :« *Oh ! oui, mon Jésus, vous serez toujours, toujours la part de mon héritage. Dominus pars hæreditatis meæ et calicis mei..... »*

La tonsure est le premier pas dans la cléricature. Ce n'est pas un ordre proprement dit, mais plutôt une distinction qui sépare celui qui la reçoit du reste du peuple chrétien. Le tonsuré est inscrit dans la tribu de Lévi ; il sera désormais compté parmi les officiers du temple.

Le symbolisme de cette cérémonie est très beau. Le clerc se dépouille de ses cheveux pour marquer son renoncement à toutes les vanités du monde. La forme qu'il donne à la tonsure lui rappelle la couronne d'épines, objet de mépris pour les juifs et les païens de tous les temps, objet de respect pour les enfants de Dieu. Au moment où le pontife saisit les ciseaux, le clerc prononce les paroles qui terminent la petite lettre de l'abbé Hustache : *Dominus pars hæreditatis meæ...* On le revêt ensuite du surplis qui, par sa blancheur, est l'emblème de la blancheur spirituelle que l'âme du prêtre doit conserver toujours. Cette cérémonie est une des plus fécondes en émotions saintes et plus tard en doux souvenirs. Comment l'abbé Hustache se prépare-t-il à faire ce premier pas ? Il nous le dit lui-même.

« Me voilà en retraite, ô mon Dieu ! en retraite pour me préparer à la vie sainte que vous allez commencer en moi. Vous le savez, et, je l'espère, c'est vous qui l'avez ordonné ; mes maîtres m'appellent à la tonsure. Oh ! c'est de grand cœur que je réponds à leur voix et à la vôtre, ô mon Dieu ! Seulement laissez-moi vous faire une prière. Purifiez la victime qui va vous être offerte, ordonnez que cette retraite me soit comme un bain salutaire d'où je sorte lavé de mes souillures. Laissez, oh ! oui, laissez couler sur moi la profusion de votre grâce. J'en ai un si grand besoin ! Ma pauvre âme est si misérable, mon cœur si indigne, tout mon être tombé si bas ! Mon Dieu, je vous crie du fond de l'abîme : ayez pitié de ce malheureux qui vous implore et qui périrait sans vous ! Oh ! oui, Seigneur, pardonnez-moi ! Bien souvent déjà ce cri est monté de mon cœur vers vous, et bien souvent aussi vous l'avez entendu. Entendez-le encore, ô Dieu qui avez voulu être appelé le Dieu des miséricordes. Si je me considère, je n'ai rien qui me fasse espérer le pardon ; mais quand je regarde vers vous, je ne crois plus qu'à la bonté. La bonté de mon Dieu surpasse infiniment mes ingratitudes. Ce sera dans ces consolantes pensées que je passerai ma retraite. Souvent, aux pieds de mon crucifix, je m'entretiendrai avec Celui qui m'entend toujours ; plus souvent encore j'irai prier devant l'autel où mon Jésus repose et où je monterai un jour. Là, la prière s'élève plus libre et plus ardente, car *la Sainte Eucharistie, c'est le cœur de mon Dieu qui veille !... »*

Après avoir imploré le pardon de Dieu et pris la résolution de redoubler de ferveur pendant la retraite, l'abbé Hustache s'examine avec le plus grand soin.

« *Domine, fac ut videam !* »

« Mon Dieu, je voudrais faire mon examen de conscience. Daignez m'envoyer cet Esprit de lumière qui fait que l'on se connaît. Oui, Seigneur, faites que je voie. Je m'examinerai sous le triple rapport de mes devoirs envers Vous, envers mes frères et envers moi-même.

« 1° *Envers Dieu.* — Comment ai-je prié ? Hélas ! sans ferveur bien souvent, tout distrait, le cœur plein de vaines pensées, de préoccupations futiles, avec un recueillement tout à

fait superficiel, et je prie le grand Dieu qui a
fait le ciel et la terre !.. Que d'aveuglement
dans ma conduite... Que de misère, que d'in-
gratitude ! Tout rend gloire à Dieu, moi seul
dans la création ne le loue point !... Du moins
si c'était là tout ! Mais le Dieu qui m'a créé
est encore celui qui m'a sauvé. J'étais un
malheureux voué à l'enfer, et Jésus est descendu du ciel pour moi ; il a travaillé pour
moi ; il a souffert d'immenses douleurs pour
moi, et, de mon côté, je ne lui ai rendu qu'un
amour de paroles... Oh ! que je suis ingrat !..
Bien plus, lorsque Jésus, par une bonté à laquelle je n'aurais jamais osé songer, est venu
à moi par la sainte Communion , j'ai pensé à
une foule de choses étrangères. Je l'ai reçu
sans amour ; je me suis peu soucié de le conserver. Quand il m'a parlé au milieu de tout
le bruit que le monde et les passions faisaient
dans mon cœur, je n'ai pas écouté sa voix, ou
si je l'ai écoutée, ce n'a été que pour conten-
ter mon égoïsme et mon orgueil... Mon orgueil, grand Dieu ! et mon égoïsme auprès de
Celui qui s'est tant humilié, qui m'a aimé d'un
amour infini ! Ah ! il est bien triste de renver-

ser ainsi la nature des choses. Oui, il est bien triste de tant m'aimer lorsque je devrais tant me haïr et de si peu aimer le bon Dieu, lorsque je ne devrais avoir de cœur que pour Lui.

« O Jésus, faites-moi grâce de ce qui me reste à écrire sur cette liste de lâchetés et de bassesses; ce sont des abîmes.

« 2° *Devoirs envers mes frères.* — Je n'ai pas aimé mes frères en Dieu. Trop expansif dans mes lettres, trop taciturne en récréation... Et cela simplement par orgueil. Si je parle peu c'est afin que mes paroles soient tenues pour des oracles, et lorsque je suis trompé dans mon attente, je sais combien cela me mortifie. Et pourtant, que dis-je de si merveilleux pour entraîner tout sentiment de mon côté? Rien, une platitude; mais c'est moi qui l'ai dite. Orgueil, orgueil, mon plus implacable ennemi... Ah! du moins, mon Dieu, qu'il ne soit pas ici dans ces entretiens. Cela ne sera jamais lu à personne et par personne. C'est à vous seul, mon Dieu, que je parle, vous, ma lumière et ma force, vous la part de mon héritage, vous ma vie et mon tout. Ne permettez pas que je place mon progrès dans des paroles, ni mon bonheur, ni ma consolation ailleurs qu'en vous. J'écris seulement ici pour fixer mon imagination volage, réchauffer mon cœur glacé, et fixer pour plus tard le souvenir de vos faveurs.

« 3° *Devoirs envers moi-même*. — Il est en moi quatre facultés que je dois étudier d'une façon spéciale : l'imagination, l'intelligence, la mémoire, la sensibilité.

« *Mon imagination*, je la place la première car c'est elle qui m'a fait le plus de mal. Quel mal dans le passé, ô mon Dieu !... Et maintenant encore, dès que je veux prier, elle me présente mille sujets de distractions. Grâce à ces divagations, je ne prie jamais bien et je ne travaille jamais avec un esprit calme et attentif. De là peu de progrès dans la piété, nullité dans mes études. C'est triste à constater, mais j'en suis là.....

« *Mon intelligence*.— L'ai-je cultivée? Hélas! je l'ai dit : les distractions !.. En étude je n'ai travaillé qu'avec beaucoup de langueur. Je travaille sans méthode, avec une petitesse de vue qui m'effraie et me décourage. O mon Dieu ! c'est pour vous que je suis ici, ne per-

mettez pas que je continue à perdre si facilement ce temps précieux.

« *Ma mémoire.* — Il y a longtemps qu'elle
croupit, ma pauvre mémoire. Depuis quelques
jours j'ai pris la résolution de ne jamais aller
en classe sans savoir parfaitement ma leçon,
de ne jamais passer un jour sans apprendre
quelque chose de nouveau et par cœur. Je
veux tenir cette promesse, car vraiment c'est
être trop coupable que de laisser ainsi perdre
les dons de Dieu.

« *Ma sensibilité.* — Ah ! c'est ici qu'il faudrait des larmes abondantes. Mon Dieu, il
me semble que vous m'avez doué d'une
sensibilité exquise ; pour vous seul mon cœur
est plus dur que le rocher... »

Après avoir ainsi épanché son âme, l'abbé
Hustache dépose ses notes aux pieds de son
crucifix comme pour le prier de les bénir. A
genoux il contemple un instant son Jésus,
baise ses plaies sacrées, puis silencieux
et recueilli comme un ange il se dirige vers
l'église. C'est là que le Cœur de Dieu veille !...
Il se place dans le coin le plus obscur de la
chapelle de la sainte Vierge pour être plus

seul et sans distractions. Immobile, les yeux modestement baissés, longtemps il prie avec ferveur. Enfin il se lève ; la main de Jésus s'est étendue sur lui ; il a entendu le Sauveur lui dire : *Volo, mundare... ostende te sacerdoti.* (1)

Il se rend auprès du père de son âme, se jette humblement à ses pieds et lorsque le mystère de la réconciliation est accompli, il laisse un libre cours à sa joie.

« Oui, vous m'avez pardonné, mon Dieu, je l'espère. Que ne puis-je espérer de ne plus vous offenser jamais, jamais ! Soutenez ma faiblesse, guérissez mes infirmités ! Mais, mon Dieu, faites donc que je vous aime !... »

En cette année, par une heureuse coïncidence, la fête de saint Joseph et l'adoration perpétuelle se célébraient au Grand Séminaire le même jour et pendant la retraite. C'était une faveur dont l'abbé Hustache ne pouvait manquer de profiter.

« Aujourd'hui, fête de saint Joseph et adoration perpétuelle et tout cela au milieu d'une retraite.

(1) Saint Matthieu, C. VIII, vers 3, 4.

« Saint Joseph, je veux vous demander une grâce. Obtenez-moi d'aimer un peu Jésus comme vous l'avez aimé. Je suis allé le prier cette nuit, ce matin je l'ai reçu dans la sainte communion, mais toujours j'ai été sec et froid. Oh ! pourquoi ne coulaient-elles pas brûlantes ces larmes qui de temps en temps viennent mouiller mes paupières ! Pourquoi n'ai-je pas un cœur qui se laisse toucher par la Suprême Beauté ? Pourquoi mon âme peut-elle penser encore à la terre lorsqu'elle est aux pieds de Celui qui fait la joie du ciel ! Pauvres créatures, nous ne comprenons pas ! Nous ne sentons pas !.. Saint Joseph vous sentiez et vous compreniez, vous... Quand vous portiez Jésus dans vos bras vous compreniez que vous étiez heureux et vous sentiez que votre cœur aimait. Mais nous, nous bouleversons tout. Nous aimons ce qui ne peut soutenir l'amour, et nous cherchons notre bonheur là où l'on ne peut trouver qu'amertume. O saint Joseph, je vous en prie ramenez-nous dans la voie de la raison et de la foi, vous qui savez le chemin par où l'on sort de l'Egypte pour revenir dans le pays d'Israël. Oh! oui, ramenez-nous à Jésus ; courbez nos fronts profondément devant Lui. Donnez-nous un amour grand comme le ciel, et quand cet amour sera devenu assez fort, enseignez-nous à le répandre sur nos frères qui n'aiment pas. Car c'est par l'amour que le prêtre doit convertir le monde, puisque c'est par l'amour que Jésus l'a sauvé. Saint Joseph, ce que je vous dis n'a pas de suite ; mais vous connaissez mon unique désir. Vous savez qu'un jour je serai prêtre et que je veux être un bon prêtre. Après demain je vais entrer dans les rangs de la milice sainte, c'est pour cela que je viens vous en demander les armes : l'amour. L'amour, c'est l'arme du prêtre. Il doit aimer beaucoup le bon Dieu pour ne pas être vaincu par le monde, et il doit aimer beaucoup ses frères pour les arracher au monde. Oh ! un prêtre qui n'aimerait pas ne serait qu'un cadavre.

« Saint Joseph, donnez-moi l'intelligence de ces mystères en ce jour surtout où je vais monter le premier degré du sanctuaire. »

Tout entier à examiner sa conscience, à fêter saint Joseph et à multiplier ses adorations à Jésus exposé sur l'autel, l'abbé Hustache n'avait point encore médité d'une manière spéciale sur la belle cérémonie de la tonsure. Voici les quelques réflexions que nous avons retrouvées, écrites la veille de l'ordination. Peut-être les renvoya-t-il jusqu'au dernier moment afin d'en être plus vivement frappé.

« *Dominus pars hæreditatis meæ et calicis mei, tu es qui restitues hæreditatem meam mihi.* Voilà ce que je vais dire demain. O mon Dieu, vous allez être la part de mon héritage ! Ma fortune va venir du ciel et se composer de tout ce qui fait le ciel. Ah ! je n'étais pas digne, Seigneur, d'un si grand bienfait ! Si du moins je savais l'estimer à sa juste valeur... Mon doux Jésus, votre regard aperçoit encore des lâchetés en moi, mais j'en gémis. Rendez-moi meilleur. Grandissez tout en moi, enflammez tout, brûlez ce qui n'est pas complètement à vous. Je veux être entre vos mains comme un instrument inanimé. Je veux me jeter en vous, me perdre en vous pour ne plus me posséder. Oh ! c'est mainte-nant que je vais réellement pouvoir dire : Mon

Jésus, mon bien, mon héritage, mon tout. Oui, oui, mon tout.

« *Et calicis mei.* — Vous serez aussi mon calice. Oh ! cela ne me fait pas peur. C'est un bonheur infini que de souffrir pour vous, mon Dieu. Faites seulement que j'aie toujours votre amour dans le cœur et toutes les souffrances de ce triste monde me seront douces. Et que puis-je avoir à souffrir après tout ? La faim ?... Mais Jésus l'a soufferte dans le désert et peut-être bien d'autres fois encore, pour moi. J'aurai bien toujours la Sainte Eucharistie puisque je serai prêtre... Les persécutions ? Mais le doux cœur de mon Jésus est un asile inviolable... Les mépris ? Mais mon Jésus a eu sa face divine couverte de crachats... L'Exil ?... Mais cette terre n'est qu'un lieu de pèlerinage et la patrie est au ciel. La Mort ?... Mais la mort c'est le triomphe suprême, c'est le plus beau jour de la vie ; la mort c'est le ciel qui s'ouvre et qui nous donne Dieu à voir face à face, à posséder sans cesse dans l'enivrement des voluptés célestes. Oh ! oui, soyez mon calice, je vous bénirai toujours, mon Dieu. Mais on dit qu'il

y a des moments dans la vie où cet enthousiasme se refroidit, où il fait noir dans l'âme,
où l'espérance se voile de croix, où il n'y a
plus d'étoiles au ciel...

« C'est pour ces jours surtout que je vous
prie, ô mon Dieu. Si le calice alors me semble
trop amer, oh ! envoyez votre ange qui sou-
tiendra mon front ; laissez échapper de votre
cœur un rayon de lumière et d'amour qui
éclairera et réchauffera mon cœur. Que je
tombe ! oh ! ne le permettez jamais... Que je
boive plutôt mon calice tout entier, dût-il être
rempli de fiel et de vinaigre.

« Ma mère, la sainte Église me fait ajouter :
Tu es qui restitues hæreditatem meam mihi.
Quel est donc cet héritage ravi que vous me
restituerez, mon Dieu ?... Serait-ce le siècle
avec ses perfides promesses et ses lamentables
dons ? Oh ! s'il en était ainsi, ne me rendez
rien... Mais c'est d'un échange qu'il s'agit.
Vous m'ôtez les pâles plaisirs du monde pour
me donner les ineffables délices du ciel.
C'est la chair et le sang, la terre et ses souillures que je quitte pour respirer une atmosphère plus sereine, pour vivre plus près de

vous, mon Dieu. Oh! je ne regrette pas ce que je laisse, faites seulement que je sache posséder ce que je vais recevoir. Faites que dès ce jour, je mène une vie toute pleine de ferveur et d'amour, d'obéissance, de renoncement et d'humilité. Demain je serai clerc, oh! quel bonheur! mais que je le sois véritablement... »

Le lendemain, en effet, il reçut la tonsure et le surplis des mains de Sa Grandeur Mgr Paulinier, évêque de Grenoble. Son cœur surabondait de joie ; il était pleinement heureux. Toute sa journée fut partagée entre des visites fréquentes à l'église et des entretiens pieux avec quelques parents venus d'Entraigues pour assister à la cérémonie. Le soir, dans la solitude de sa cellule, il écrivait :

« Me voilà clerc ; mon Dieu, que ce soit pour tout de bon et pour toujours. Je serai le petit clerc de Marie comme plus tard je veux être son petit prêtre. O Marie, bonne Mère, vous ne me refusez pas, n'est-ce pas ?... »

CHAPITRE IV

Nous arrivons à une époque de la vie du
pieux lévite où les âmes éprouvées trouveront
un baume pour de cuisantes douleurs, surtout un modèle de patience, de résignation et
de parfaite conformité à la volonté de Dieu.
D'une santé frêle et délicate, l'abbé Hustache
était sujet à bien des infirmités. Son estomac
ruiné lui occasionnait souvent des crampes
et de violents maux de tête. Les dents et les

gencives endolories, il voyait chaque jour lui apporter une croix nouvelle. Mais sa piété était plus forte que la douleur, et lorsqu'un confrère compatissant lui demandait s'il souffrait beaucoup : « Un peu, répondait-il en souriant, juste assez pour m'apprendre que je ne suis pas encore au ciel. »

Aux douleurs habituelles du corps vinrent s'ajouter les douleurs plus terribles de l'âme, les sécheresses, les scrupules. Quand Dieu veut favoriser quelqu'un de grandes douceurs, il est rare qu'il ne le fasse point passer par de rudes épreuves. Après le Thabor et son extase, le Jardin des oliviers et son amertume. C'est alors que « l'âme voit son amour refroidi, son espérance voilée de croix, son ciel sans étoiles. »

Qu'on me permette une comparaison. Quelquefois dans les montagnes, le voyageur, parti le matin avec un soleil radieux, est surpris au milieu de sa course par l'orage. Les nuages passent rapides autour de lui. Ils vont s'épaississant toujours davantage, ils mouillent ses vêtements, glacent ses membres, obscurcissent ses yeux. Enfin il n'aperçoit plus sa route. Ces accidents malheureux dans l'ordre naturel ont leur correspondant dans la vie de l'âme, et les douleurs ressenties sont infiniment plus vives, car la route perdue c'est le chemin du ciel, et celui qui la cherche donnerait mille vies pour la retrouver. On comcomprendra maintenant les angoisses de l'abbé Hustache au milieu de ses épreuves.

« Mon Dieu, mon Dieu, pourquoi m'avez-vous abandonné ? Pourquoi vous êtes-vous éloigné de moi ? Me voilà seul maintenant ! Tristesse au cœur, ténèbres dans l'âme... Mon Dieu, je suis bien malheureux ! Je n'ai plus de pensées qui montent vers le ciel ; tout est refoulé vers la terre et pourtant la terre me fait horreur. Je n'ai plus ni force, ni courage. Tout est paralysé, glacé en moi... Impossible de prier... Je viens de l'adoration où mon cœur est resté muet et languissant ; maintenant revenu dans ma cellule, je ne puis travailler. Je voudrais la solitude et, quand je suis seul, j'ai peur. Pitié, mon Dieu, je suis bien malheureux !... Si au moins je pouvais vous écrire ici tout ce qui me fait mal ; mais comment voir dans ce chaos !.....

Souffrances du corps, souffrances de l'âme, tout cela se confond et me rend tout récit impossible. Je suis malheureux, Seigneur, et je souffre, voilà tout. Ayez pitié de moi!... Vous voyez vous-même ce qu'il en est de ces tristes choses. Mon Dieu, mon Dieu, soutenez-moi, guérissez-moi. Ah! ne me laissez plus sur cette terre aride où je suis. Cependant mon Dieu, si c'est votre bon plaisir je porterai votre croix!... Là, ô mon Jésus, là vivre, là mourir, crucifié avec vous, crucifié pour vous. *Fiat, Fiat.* »

C'est bien le cri de l'âme haletante courant après Dieu qui se cache. Elle se retourne de tous côtés, elle cherche en pleurant, en se lamentant, mais au fond elle répète avec une parfaite soumission cette parole de Jésus : « *Mon Père, si ce calice ne peut passer sans que je le boive, que votre volonté soit faite et non la mienne.* »

Au milieu de ces souffrances la Semaine sainte était arrivée, et les notes que nous retrouvons sur ces grands mystères se ressentent un peu de la douleur de son âme.

Mercredi-Saint : C'est demain, ô mon Jésus, que nous célébrons l'anniversaire de votre
testament d'amour. Demain ce sera la Cène;
demain Jean reposera sur votre poitrine; demain vous vous donnerez pour nourriture à
vos apôtres!... Mon Jésus, mon doux Jésus,
dans ce banquet mystérieux et céleste, il y aura
un convive plus pauvre que tous les autres in-
vités, un convive qui, à bout de forces, n'aura
même pas faim, un convive dont la robe aura
été souillée cent fois, un convive qui, le matin
encore, vous insultait... à celui-là, ô divin
Maître, daignez accorder un regard de profonde pitié. Lorsque son tour viendra de
s'approcher de vous pour recevoir le Ciel dans
son cœur, faites couler de ses yeux des flots
de larmes. Et puis, lorsqu'il vous aura reçu,
ordonnez qu'il s'incline et qu'il reçoive à tout
jamais votre joug, qu'il n'a pu porter encore
un jour. Que là, courbé sous votre main, il
vous fasse un serment qu'il n'oublie plus jamais. Qu'il accepte de gravir avec vous le
Calvaire. Qu'enfin il meure au monde, à la
chair, au sang, à l'orgueil et qu'il soit couché
dans le tombeau avec vous. *Amen.*

« *Jeudi-Saint :* « *Accipite et comedite : hoc est* « *Corpus meum.* » Le voilà le grand jour de l'amour ! Tous les apôtres sont autour de Jésus, mais Judas y est aussi, O mon Jésus ! ! Je ne veux pas être Judas ; que ne puis-je plutôt tenir la place de saint Jean sur votre poitrine ! Hélas ! je n'ai ni l'amour ni la pureté du disciple bien aimé. Du moins, que j'occupe la place de Marie-Madeleine chez Simon le lépreux. Que j'arrose de mes larmes ces pieds sacrés qui demain vont être percés de clous, et puissent ces larmes me mériter d'entendre ces consolantes paroles : *Beaucoup de péchés vous sont remis parce que vous avez beaucoup aimé...* Mais que dis-je ? Je vous ramène un prodigue, ô mon Dieu, qui a dissipé tout son héritage, et voilà que vous ordonnez un festin magnifique. La nourriture de ce festin, c'est vous-même, et l'heure est venue. La cloche qui sonne m'appelle au banquet sacré... Ah ! volons, volons, mon âme, vers le Cœur de Jésus !... »

Au retour de la sainte Table, l'abbé Hustache écrivait ces seuls mots : *Dextera Domini fecit virtutem, dextera Domini exaltavit me ! Non moriar sed vivam et narrabo opera Domini.*

Depuis longtemps il est d'usage au Grand Séminaire de Grenoble de passer la journée du Vendredi-Saint dans le silence le plus complet. Rien de plus solennel et de plus majestueux que de voir les aspirants au Sacerdoce, plongés dans la méditation du grand mystère de ce jour, se promener un à un à travers la cour et les vastes corridors. L'abbé Hustache se faisait remarquer entre tous par son recueillement et sa prière continuelle. La tristesse spirituelle de son âme se réflétait sur son visage, et ce jour-là sa plume était muette. Deux mots seulement nous indiquent où tendaient toutes ses pensées.

« *Vendredi-Saint*, trois heures : *Et inclinato capite, expiravit.*

.   .   .   .

« *Samedi-Saint*. C'en est donc fait : la Croix s'est dressée, puis a rendu la grande victime au tombeau... Sépulcre sacré, tombe chérie, salut ! Je me prosterne devant vous et presse de mes lèvres brûlantes la pierre glacée

qui recouvre mon Dieu. Gardes, qui veillez
tout autour, faites silence et adorez. Et toi,
triste Jérusalem, viens en te frappant la poitrine, viens demander grâce et pardon à ton
Christ que tu as fait mourir... *O Jerusalem,
Jerusalem convertere ; orbis terrarum convertere.* »

Presque dès son entrée au grand Séminaire, l'abbé Hustache avait été chargé d'entretenir et d'orner la chapelle du Saint-Sé-
pulcre. Il va sans dire qu'il s'en acquitta toujours avec le plus grand zèle et mérita les
éloges que saint Jérôme faisait autrefois du
jeune Népotien. Au-dessous du tablier de
l'autel, on aperçoit à travers une glace un
beau Christ en relief étendu sur un suaire.
Ses pieds et ses mains portent les traces des
clous; son front est taché de sang; ses yeux
sont fermés par la mort. Après avoir lu les
lignes qui précèdent, on croira sans peine que
les larmes du pieux séminariste coulèrent
plus d'une fois devant cette représentation du
tombeau du Christ, surtout en ces jours où les
cérémonies de l'Eglise rappellent le doulou-
reux souvenir de la Passion.

Fête de Pâques. Les grandes joies comme les grandes douleurs sont muettes. Ce jour-là il répétait sans doute bien souvent dans son cœur l'*Alleluia* dont l'Eglise se sert mille fois comme dans l'impuissance de redire assez la gloire du divin Rédempteur, mais ses notes ne nous révèlent rien. Je me trompe, elles nous révèlent une chose importante à signaler. Quelques mots écrits à la hâte, mais que nous n'avons pas cru devoir reproduire chaque fois, nous faisaient part des peines intérieures dont il souffrait encore. A partir de Pâques, nous ne retrouvons plus rien. Le combat avait été rude, mais de courte durée, et pour reprendre notre comparaison précédente, de même qu'après un violent orage le soleil paraît plus radieux, les fleurs plus pures et plus veloutées, le chant des oiseaux plus suave ; de même l'âme de notre pieux lévite sortit de l'épreuve plus détachée de tout ce qui passe et irrévocablement enchaînée à Jésus.

« Voici, mon Dieu, que vous m'avez rendu la lumière, et maintenant il me semble que je vais être bien heureux dans votre amour... Oh ! que ferai-je pour vous témoigner ma re-

connaissance ? Depuis si longtemps je vous ai
fais des promesses sans les tenir ! Je n'ose
plus en faire... Mon Dieu, mon Dieu, dictez-
moi quelque chose qui soit durable cette fois;
mon impuissance est bien cruelle. Vous
voyez mes larmes, faites-en germer une déter-
mination forte et généreuse. Ah! qu'il en soit
fini à tout jamais avec le péché. Je mourrais,
ce me semble, s'il fallait être encore votre
ennemi. Votre ennemi, Seigneur ! de vous, si
bon, si aimant, si tendre, qui m'avez relevé
de si bas pour me placer si haut ! Faites tout
ce que vous voudrez de moi : taillez, brûlez,
ajoutez, anéantissez, créez. Vous le voyez, je
ne désire qu'une seule chose, votre bon plaisir. Oh ! oui, il me semble que cette fois je ne
garde rien, non, non, rien. Tout à vous, tout
à vous... Puisque vous me voulez encore malgré ma misère et mon indignité, je me donne
à vous corps et âme. Vous m'avez sauvé, vous
m'avez racheté, soyez mon maître. Passez
à mon cou, à mes mains, à mon cœur
des chaînes que rien ne puisse rompre.
Qu'à tout jamais je sois votre esclave !...
Que je vous serve, n'importe où et toujours.

)-Que je sois comme le soldat courageux qui
2 sert son roi au milieu des fatigues de la
3 guerre et n'épargne pas son sang. Mon sang...
1 Ah! que ne puis-je, mon Dieu, le verser
(jusqu'à la dernière goutte pour vous... »

CHAPITRE V

L'abbé Hustache avait trop à cœur sa sanctification pour ne pas profiter de tout ce qui
pouvait la favoriser. Outre la règle du Séminaire qu'il observait parfaitement, il s'était
fait un règlement particulier qui la complétait
et embrassait tous ses instants. Rien n'était
laissé à l'imprévu.

« *Lever*. — A mon réveil, ma première pensée sera pour Dieu ; le signe de la croix ma

première action, les doux noms de Jésus, Marie, Joseph, ma première parole. Un instant après je me mettrai à genoux pour remercier le Seigneur du repos qu'il vient de m'accorder, et lui offrir la journée qui commence, et que sa miséricorde me donne encore. Le reste du temps consacré au lever, je réfléchirai sur le sujet d'oraison. En revêtant ma soutane, je dirai : *Indue me Domine novum hominem...* et encore : *Dominus pars hæreditatis meæ et calicis mei...* me souvenant que si Dieu m'a séparé du monde et s'il est mon héritage, je dois ne songer qu'à Lui et ne vivre que pour Lui.

« *Méditation.* — Descendu pour la prière et la méditation, je me mettrai sans retard en la présence de Dieu. Je penserai à la grandeur de Celui que je vais prier, à sa sainteté, et par contre à ma petitesse, pauvreté et misère. Je ferai ainsi au commencement de toutes mes prières. Pour l'oraison, je demeurerai à genoux à moins que tout le monde ne se lève. Quand j'aurai à méditer seul, je ne choisirai pas un sujet trop abstrait. L'expérience m'a appris que lorsque je médite sur une vertu ou un vice en général, je suis très souvent distrait et je manque ma méditation. Je choisirai de préférence un trait de la vie de Notre-Seigneur, sa passion surtout, quelques paroles des Saintes-Ecritures ou d'une prière, le *Salve Regina* par exemple, dont chaque verset fournit largement matière à toute une méditation. Je n'oublierai pas à la fin de prendre une résolution bien pratique pour la journée, me servant comme de mémorial des saintes pensées de l'oraison.

« *Sainte Messe.* — Pendant la sainte Messe, je me représenterai le Calvaire, et moi à côté de Marie et de saint Jean aux pieds de Notre Seigneur expirant sur la croix pour me sauver. Après la sainte Messe, en reconnaissance de ce que Jésus-Christ vient de s'offrir pour mon salut, je m'offrirai pour sa gloire par la prière. *Suscipe Domine, universam meam libertatem...* Ensuite j'irai m'agenouiller au pied de l'autel de la très sainte Vierge pour qu'elle me bénisse. Je réciterai là une hymne de l'office de l'Immaculée-Conception, je dirai la prière: Par votre très sainte Virginité... Puis je prierai pour mes parents, mes maîtres et mes amis.

« *Etude.* — Monté dans ma chambre, après avoir récité la prière de saint Thomas : *Creator ineffabilis...* je me mettrai au travail avec ardeur, offrant mes efforts pour expier toutes mes sensualités et mes misères passées. Je tâcherai de travailler avec méthode, avec réflexion, me demandant après chaque alinéa ce qu'il renferme et me le redisant à moi-même. J'irai toujours en classe comme si je devais y réciter. De temps à autre pendant l'étude, j'élèverai mon àme vers Dieu pour lui demander force et lumière. — Les pensées étrangères ne seront jamais admises en audience.

« *Classe de 9 heures.* — Morale. En classe, je prendrai le plus de notes possible, ne serait-ce que pour me maintenir attentif, je n'y parlerai jamais... Je n'y rirai pas, à moins que le professeur ait dit à dessein quelque chose pour rire. En sortant de classe et me rendant à l'église, je réciterai une hymne de l'office de l'Immaculée-Conception.

« *Visite à l'église.* — Je ferai une visite à l'autel du Sacré-Cœur, priant Jésus de rendre mon pauvre cœur semblable au sien, doux et humble comme le sien. En montant dans ma chambre, nouvelle hymne de l'office de l'Immaculée-Conception.

« *Etude de 10 heures*. — Arrivé dans ma cellule, je prendrai de l'eau bénite comme toujours, et dirai le *Veni Sancte Spiritus...* à genoux. Je travaillerai ensuite de mon mieux sous le regard de Marie. J'éviterai toute autre étude avant d'avoir bien achevé le travail courant.

« *Classe de 11 heures*. — Ecriture Sainte. Je ne me permettrai jamais aucune réflexion. J'apporterai d'autant plus d'attention qu'elle est parfois plus difficile... Grande humilité et beaucoup de respect. Après la classe, hymne de l'Immaculée-Conception.

« *Examen particulier*. — Pendant la lecture du Nouveau-Testament, beaucoup de contentement d'entendre la parole du Maître... Recueillement profond, très profond devant le Saint-Sacrement. En allant au réfectoire, nouvelle hymne.

« *Repas*. — Au réfectoire, je tâcherai d'être le plus charitable possible et très mortifié. Je ne boirai jamais plus d'un demi-verre de vin :

Luxuriosa res vinum. Le matin et le soir j'en
boirai moins encore.

« *Récréations.* — En récréation, je tâcherai
d'aller un peu avec tout le monde, réagis-
sant contre l'idée que je vais être à charge…
Cela est vrai sans doute, mais si je fais
attention à la charité de mes confrères, il
en est autrement. Je parlerai de choses
sérieuses, pieuses même ; mais sans jamais
être sombre ou maussade. On me reproche
de n'être pas assez ouvert, je m'appliquerai
à l'être davantage… Mais hélas ! que pourra-
t-on voir dans mon pauvre cœur ?.. Surtout, je serai attentif à ne manquer jamais
à la charité… Pendant la récréation du
soir, je ferai ordinairement un peu de théo-
logie.

« Les exercices de l'après-midi, études,
classes, récréation, seront passés et sanctifiés
comme ceux du matin. Visite à l'autel de
saint Joseph, après la classe. »

Ceux qui connaissent le règlement du Grand
Séminaire voient que la journée de l'abbé
Hustache était on ne peut mieux remplie et
tout s'accomplissait à la lettre, avec un ardent

amour de Jésus-Christ, principe et fin de la piété.

Cet amour se traduisait par de fréquentes élévations du cœur. Se rappelant cette belle leçon de saint Ephrém : *Bonum fuerit semper orare... sive iter facias, sive comedas, sive bibas, sive decumbas, care orationem tuam intermiseris*, il s'efforçait dans l'étude et dans le repos, en prenant ses repas et au milieu des récréations, de ne jamais perdre de vue la sainte présence de Dieu. Il avait pour cela recueilli, dans une retraite prêchée par le R. P. Joyard, religieux de la Compagnie de Jésus, une pratique que nous pouvons résumer en ces quatre mots : J'offre, j'accepte, je me confie, j'aime. Après chacun de ses travaux, après chacune de ses bonnes œuvres, prières, mortifications, il élevait son cœur vers le ciel et disait avec amour : « Mon Dieu, je vous l'offre. » Soit qu'il reçût une faveur, soit qu'il eût, au contraire, à supporter une épreuve, il les sanctifiait en disant : « Mon Dieu, j'accepte. » Dans les tentations, alors surtout que son âme était souffrante, il s'écriait sans cesse : « Mon Dieu, je me confie. »

Enfin à tout instant son âme aspirait l'atmosphère divine, pendant que ses lèvres murmuraient : « Mon Dieu, je vous aime. » Ces élévations de cœur étaient celles qu'il préférait, parce qu'elles embrassaient toutes les actions et pouvaient être répétées à chaque instant.

Mais il en employait d'autres cependant suggérées par les circonstances. Une fleur d'une blancheur éclatante lui rappelait Marie, la vraie Fleur immaculée ; les blés jaunissants, le véritable pain de vie ou bien encore la moisson spirituelle des âmes. Si quelquefois sur son chemin il avait la douleur d'entendre blasphémer, oh ! alors cette oraison s'échappait aussitôt de son cœur blessé : *Sit nomen Domini benedictum, ex hoc nunc et usque in sæculum ;* que le nom du Seigneur soit béni, maintenant et jusqu'à la fin des siècles.

Nous retrouvons, à la date du 25 février, cette petite note : « Aujourd'hui, premier beau rayon de soleil dans ma chambre. Désormais j'aurai tous les jours à pleine croisée de la lumière et de la chaleur. Quand donc, ô mon Dieu, la splendeur de la grâce et de la foi

viendra-t-elle luire pleinement dans mon âme
et l'embraser de votre amour ? »

L'amour rend ingénieux. Ce n'était point
encore assez pour l'abbé Hustache de protes-
ter souvent de sa fidélité, il fallait trouver le
moyen de le faire sans aucune interruption.
Voilà pourquoi il fit, au pied des autels, le
compromis suivant : « Mon Dieu, chaque bat-
tement de mon cœur vous dira : Doux cœur
de Jésus, soyez mon amour. Pour rendre cette
pratique plus actuelle et ne pas l'oublier, il la
renouvelait de temps en temps et en changeait
la formule le matin à l'oraison. C'est ainsi
que la première année de Grand Séminaire
s'écoulait pour l'abbé Hustache, douce, calme,
pieuse. A l'approche des fêtes, il redoublait
encore de ferveur. Sa préparation ordinaire
consistait à faire une neuvaine ou tout au
moins un triduum, et lorsque le jour solennel
était arrivé, il le passait dans une grande ferveur, méditant dans son cœur le mystère divin qu'il rappelait. Sur le soir, il écrivait quelques notes rapides destinées à lui en perpétuer
le souvenir. Grâce à cette pratique, jusqu'à la
fête de Pâques, nous avons pu suivre comme

pas à pas les diverses impressions de son âme.
Voici ce qu'il écrit à la date de l'Ascension :

« Mon Dieu, c'est aujourd'hui que le ciel
s'entr'ouvre pour recevoir son roi... et votre
pauvre enfant !! J'ai assez demeuré ici-bas,
assez pour vous offenser, assez pour souffrir.
Il fait sombre sur cette terre d'exil, il y a beaucoup de larmes, beaucoup d'épreuves, peu de
bonheur. Partout c'est le bruit, partout c'est
le trouble, la guerre. Les hommes savent qu'ils
sont frères et ils n'y pensent pas. Tous les
cœurs sont rétrécis, pressurés par l'égoïsme.
On ne vous aime pas, mon aimable Jésus, je
ne vous aime pas assez ! Au ciel au moins, je
vous aimerais ; au ciel, j'aimerais mes frères
comme je dois les aimer ; au ciel, il n'y aurait
plus cette lutte perpétuelle des passions
dans le cœur. Là haut !.. Là haut !..

« Mais vous montez seul... J'entends vos
anges qui viennent me dire de retourner à Jérusalem. Adieu, bon Jésus, adieu !.. Puisque
vous le voulez ainsi, je resterai sur cette triste
terre. J'y resterai pour vous servir, pour vous
aimer. Vivre pour vous, mourir pour vous !..
L'Esprit de force et de sagesse va venir dans

dix jours... Oh ! je l'attends dans le silence, le recueillement, la prière, et j'espère qu'il me fortifiera, m'éclairera. Force et lumière, c'est ce dont j'ai besoin, vous le savez, ô mon Dieu. J'en aurai besoin bientôt quand les vacances seront là, et puis besoin surtout quand il faudra quitter cette maison bénie, me séparer de mes maîtres, ne plus entendre leurs conseils, aller seul à travers le monde, sans expérience, sans guide, au milieu des périls, des séductions, des découragements. Mon Dieu !.. Mon Dieu !.. Soutenez-moi quand ces jours de danger seront venus. Soyez mon guide, mon expérience, alors que je manquerai de tout cela.

« Mon Jésus est au ciel !.. Je suis seul !!.. Mais non, Jésus est avec nous toujours ! Il est dans le saint Tabernacle, il a daigné reposer sur mes lèvres, ce matin ! ! Il est dans mon cœur ! Ce matin !!! Mais pourquoi suis-je si froid quand vous venez, mon Jésus !.. Pourquoi ne s'échappe-t-elle pas de mon cœur et à pleins bords pour vous la divine liqueur de l'amour ?.. Pourquoi ?.. Pourquoi ?.. De grâce, je vous en conjure, faites que mes communions soient plus ferventes. Vous êtes demeuré ici-bas avec tant d'amour et de bonté, et nous, nous, les pauvres que vous avez voulu nourrir, les affligés que vous avez voulu consoler, les faibles que vous avez voulu soutenir, nous ne vous goûtons pas ! Oh ! qu'il n'en soit plus ainsi, ou tendez-moi la main pour que je monte avec vous dans le ciel... O ciel, ô ciel, sainte patrie, quand te verrai-je ? »

Un dernier moyen, très propre à alimenter la piété et fréquemment employé par l'abbé Hustache, consistait à s'entretenir avec Notre-Seigneur ou avec la sainte Vierge, sous forme de dialogue. C'est un parler tout à fait intime où l'âme expose ses besoins et recueille dans le plus complet silence les leçons du Maître. Le beau livre de l'Imitation de Jésus-Christ en est un modèle parfait. Écoutons encore notre pieux séminariste :

« Eclairez-moi intérieurement, ô mon Jésus !... Faites luire votre lumière dans mon âme. Je voudrais prendre quelques résolutions particulières au commencement de cette semaine pour avancer toujours davantage dans le chemin de la vertu, mais je ne sais sur quoi m'arrêter ; apprenez-moi ce que je dois faire.

Mon cœur est las d'habiter loin de vous ; il voudrait avoir le secret de ne vous quitter jamais. Vous êtes le Maître de toute science, dites-le-moi ce secret divin. Oh ! j'en profiterai... Parlez, Seigneur, votre pauvre petit clerc écoute. Mettez votre bouche à l'oreille de mon âme et parlez bien bas au milieu du silence que votre grâce a fait en moi, mais parlez, parlez... vous avez les paroles de la vie éternelle. »

Jésus-Christ. « Mon fils, puisque vous m'avez appelé, me voici. Je parlerai à votre âme puisque vous avez commandé à toutes les voix de la terre de faire silence autour de vous. J'aime à me faire entendre aux cœurs qui sont las d'écouter les hommes ; mais avant de les charmer par la douceur de ma parole, je les conduis au pied du Tabernacle, et de là je leur montre mon calvaire. Ne me demandez donc plus, ô mon fils, ce que vous avez à faire. Travaillez constamment à vous rendre moins indigne de me recevoir dans la sainte communion ; pensez-y sans cesse, et faites, dans cette vue, tous vos exercices de piété ; ensuite, quittez-vous vous-même, prenez votre croix, suivez-moi. Tout est là, mon fils. Si vous pensez à la sainte communion, si vous vous rendez cette pensée tellement familière que vous l'ayez toujours présente, vous me prierez avec attention, avec humilité, avec amour. Si vous vous efforcez de renoncer à vous-même, vous travaillerez bien, vous serez bon envers vos frères, vous serez pur, vous serez saint... N'oubliez jamais, ô mon fils, ce que je viens de vous dire. Vous étiez triste tout à l'heure, vous vous demandiez quelle résolution vous deviez prendre, maintenant que vous avez entendu ma voix, pensez sans cesse à ces divins conseils : Aller par la communion à l'abnégation complète de soi-même.

« Commencez dès maintenant, mon fils, je vous bénis et je bénirai tous vos efforts. »

« Merci, Seigneur Jésus; vous avez daigné vous incliner vers moi et m'instruire. Oh ! puissé-je consacrer tous les instants de ma vie à vous remercier, à publier partout vos miséricordes ineffables. Merci, mon Dieu !... Merci !... »

CHAPITRE VI

La seconde année de grand Séminaire commence. C'est avec le plus grand bonheur que notre pieux lévite revient dans cette maison sainte qu'il a coutume d'appeler : « *Le fort sur le rocher* » et encore « *La pointe élevée d'où l'on étudie sa route.* » Les premières notes parvenues jusqu'à nous nous font assister à sa préparation aux Ordres mineurs.

17 décembre. « Mon Dieu, bénissez les résolutions que je vais prendre relativement aux vertus que demandent de moi les ordres que je vais recevoir.

Ordre de Portier. — En me conférant cet ordre le Pontife dira : *Vide quæ in domo Dei agere debeas.* Puis, il m'énumèrera les fonctions que j'aurai à remplir. Ces fonctions regardent le matériel de la maison de Dieu. J'aurai donc pour la décence, pour la propreté, pour la beauté de nos églises le plus grand zèle. Il faudra qu'on puisse dire de moi comme de Notre-Seigneur Jésus-Christ : « *Zelus domus tuæ comedit me.* » Oui, mon Dieu, que le zèle de votre maison me dévore. Hélas ! il est si triste de trouver des églises pauvres et mal tenues !... *Domine, dilexi decorem domus tuæ.* Vous le savez, j'ai toujours aimé vos sacrés parvis ; vos temples ont toujours eu pour moi des charmes ineffables. Eh bien ! mon Dieu, faites passer dans des actes pleins de piété ces sentiments de mon cœur. Que toute ma vie je sache trouver quelques instants pour travailler moi-même à la splendeur des autels qui me seront confiés. Probablement je serai placé dans quelque petite paroisse où il y aura une église bien pauvre, je serai pauvre moi-même, mais je donnerai de ma pauvreté. Je ferai à mes paroissiens de si vives exhortations qu'il faudra bien, Seigneur Jésus, que votre demeure vous soit agréable par sa décence, et sa beauté s'il est possible.

Ordre de lecteur. — Electi, filii charissimi, ut sitis Lectores in domo Dei nostri, officium vestrum agnoscite et implete. Potens est enim Deus ut augeat vobis gratiam perfectionis æternæ. Lectorem siquidem oportet legere ei qui prædicat. (Pontificale Romanum). Ma mission sera de lire la sainte Écriture, je devrai donc la connaître et l'aimer. Je prends dès aujourd'hui la résolution de redoubler d'ardeur dans l'étude des saintes Lettres. Excitez-en moi, ô mon Dieu, cette faim de votre parole, cette passion sublime qui fait qu'on demeure sourd aux vains discours des hommes pour apprendre la science de vous seul. Oui, j'aime les deux Testaments de votre miséricorde ; l'ancien avec sa grandeur et sa sévérité, le nouveau avec son onction et sa douceur. Que plus tard, ô mon Jésus, lorsque je serai prêtre, toutes mes délices soient de m'entretenir avec vous. Converser avec Dieu, entendre une parole infaillible, quel honneur, quel encouragement pour moi ! Enfin, ô mon Dieu, accordez-moi la grâce d'observer votre loi chaque jour plus parfaitement, à mesure que je la connaîtrai mieux. Que votre lumière luise pour m'éclairer, que je voie pour connaître et que je connaisse pour bien agir. »

Ordre d'exorciste. — Ordinandi, filii charissimi, in officium Exorcistarum, debetis noscere quid suscipitis. Exorcistam etenim oportet abjicere dæmones et dicere populo ut qui non communicat det locum, et aquam in ministerio fundere. Accipitis itaque potestatem imponendi manum super energumenos, et per impositionem manuum vestrarum, gratiâ Spiritûs sancti, et verbis exorcismi pelluntur spiritus immundi a corporibus obsessis. Studete igitur, ut sicut a corporibus aliorum dæmones expellitis, ita a mentibus et corporibus vestris omnem immunditiam et nequitiam ejiciatis... (Pont. Rom.)

Oui, Pontife saint, il en sera ainsi avec la grâce de ce Dieu que vous priez pour moi. Hélas ! dans le passé, j'ai succombé bien souvent ; le démon aurait pu revendiquer en moi bien des choses. Je n'ai pas su commander à mes passions et je n'ai pas assez banni de mon âme la souillure du péché. Mais la même sincérité qui me fait confesser mon malheur préside aux résolutions que je forme aujourd'hui devant Dieu et devant vous. Soyez sans crainte, ô vénéré Père, bénissez-nous ! Nous ne voulons pas vivre sous l'empire du démon. Nous passons dès ce jour irrévocablement sous l'étendard de Jésus-Christ. Dieu trouvera en nous des soldats qui ne sauront que vaincre ou mourir, et Satan des ennemis qui ne lui donneront aucune trève. Oui, haine au péché, haine à l'enfer !

Ordre d'acolyte. — *Suscepturi, filii charissimi, officium Acolythorum, pensate quod suscipitis. Acolythum etenim oportet ceroferarium ferre ; luminaria ecclesiæ accendere, vinum et aquam ad Eucharistiam ministrare.*

Ad Eucharistiam ! Mes fonctions auront pour objet le sacrement d'amour ! Je devrai présenter le vin qui sera changé au sang de mon Sauveur! Ma pauvreté, ma misère sera pour quelque chose dans ces mystères ineffables!... Ah! je n'étais pas digne, Seigneur Jésus... Mais puisque vous daignez m'appeler, j'irai docile à votre voix, j'irai à votre autel pour servir au milieu du divin Sacrifice. Toutefois il faut qu'auparavant vous exauciez ma prière. Vous savez que mon cœur est bien froid, bien dur, bien insensible; vous savez que mon amour pour vous est bien faible, que votre tabernacle est souvent muet pour moi; vous savez tout cela, et tout cela vous afflige. Eh bien! puisque vous aimeriez tant me voir plein de ferveur, donnez-moi ce que je n'ai pas. Attirez mon cœur à vous, dans votre tabernacle saint. Que tous mes désirs s'épanouissent à vos pieds... Que vos chastes embrassements soient l'objet de tous mes soupirs... Que toujours je travaille devant l'hostie. Que devant l'hostie je vive... Que nourri de la sainte hostie je meure, ô Jésus! Dieu caché!...

Je me souviendrai aussi de ces autres paroles que prononcera le pontife : « *Sic luceat lux vestra coram hominibus ut videant opera vestra bona et glorificent patrem vestrum qui in cœlis est.* » Oh ! oui ; si j'ai eu le malheur de scandaliser mes frères, je veux réparer ce scandale et les porter toujours, par mes bons exemples, à glorifier Dieu. Je penserai à toutes ces choses, ô mon Sauveur. Que je ne les oublie jamais !... Que je m'en souvienne demain et toujours !... *Amen.* »

L'abbé Hustache reçut les Ordres mineurs dans les plus saintes dispositions. Son amour de Dieu, sa soif constante de sacrifice et de dévouement croissait tous les jours. Il mettait déjà bien en pratique ces trois mots que nous avons lus parmi ces résolutions de retraite : « Je veux devenir un saint, dans ce but il faudra désormais travailler beaucoup, m'abstenir beaucoup, m'exposer beaucoup. » Aussi Dieu, qui ne se laisse jamais vaincre en générosité, le comblait-il de grâces si abondantes qu'il ne savait comment lui en témoigner sa reconnaissance :

« Merci, mon Jésus, merci ! Je vous ai un peu aimé ce matin. Ma bonne Mère, merci ; merci, saint Joseph ! Ah ! si je faisais toujours des communions ferventes ! Mon Dieu, je serais bientôt tout à vous. Ah ! que vous êtes bon, que vous êtes doux, ineffable, ô Jésus ! C'est aujourd'hui que je ne craindrais pas de partager votre passion, votre croix, votre couronne d'épines, les mépris d'une populace insensée !... Je vous ai prié de venir dans mon cœur, ô Jésus, et vous êtes venu. J'ai reposé mon cœur sur votre cœur, et le baume de l'amour a coulé de votre cœur dans mon cœur, et je vous ai dit que je ne voulais plus vivre que pour vous, mourir pour vous ! Oui, vous serez mon trésor à jamais précieux, mon bien, ma joie... O Jésus, Jésus, que vous êtes bon... Venez dans mon cœur bien souvent; je tâcherai de vous conserver par un grand recueillement, par une humilité profonde. Dormez, dormez sur mon cœur, ô Jésus ! Non je ne dirai pas aux hommes que vous êtes caché là. Dormez, dormez, je ne ferai pas de bruit autour de vous, je ne vous réveillerai pas !... Mais je pleure, ô mon Jésus ! larmes de bonheur et d'amour, coulez, coulez sans cesse !... »

Une circonstance bénie vint encore accroître la joie de l'abbé Hustache, et de tous ses confrères aspirant au sacerdoce. Le Grand Séminaire de Grenoble possède sur la paroisse de la Tronche une maison de campagne qui ne manque pas de charmes, surtout quand on la visite après une semaine d'études théologiques, attrayantes sans doute, mais pénibles. Au milieu se trouve une île entourée de grands et magnifiques peupliers, plantée de petits arbustes et parsemée de fleurs. Une statue de Marie domine ce parterre gracieux. C'est là qu'au soir des belles journées d'été le grand séminaire se réunit pour entendre la lecture spirituelle, pendant que tout près le rossignol chante son dernier refrain du jour. A l'époque où nous sommes arrivés, une madone de bronze avait remplacé l'ancienne trop maltraitée par un hiver rigoureux; mais elle n'était pas encore bénite, on attendait une occasion favorable. Marie la fit naître au delà de toute espérance. Mgr Cotton venait d'être sacré évêque de Valence aux applaudissements de toute la population de Notre-Dame de Grenoble, fière d'une pareille gloire. Plusieur évêques étaient venus assister à la cérémonie du sacre, et parmi eux l'éloquent exilé de Genève, Mgr Mermillod. Messieurs les directeurs du Grand Séminaire invitèrent leurs Grandeurs à bénir la nouvelle madone, invoquée sous le titre de Notre-Dame de l'Ile. Il est impossible de peindre la joie et l'enthousiasme qui remplirent ce beau jour. Pour remercier les illustres visiteurs, on exécuta plusieurs morceaux de circonstance, dont un fut composé le matin même de la fête par l'abbé Hustache. Voici ces quelques vers qui furent chantés sur un air délicieux :

Refrain

O vous dont la main bienfaisante
Sait répandre des dons si doux ;
Vous dont la voix est si puissante,
Pontifes saints, bénissez-nous.

Solo

Mes frères, louez Dieu, préparez vos cantiques,
Car un beau jour vient de s'ouvrir,
Chantez ces saints prélats par des chants magnifiques.
Et priez-les de nous bénir.

Israël, peuple élu, ne verse plus de larmes.
Ton Dieu ne t'abandonne pas ;
Il te donne toujours et d'invincibles armes,
Et des héros pour tes combats.

Oui, sainte Eglise espère ! Il n'est plus de tempête
Dont la fureur fasse frémir,
Lorsque de vaillants chefs sont placés à la tête
De tes fils qui savent mourir.

Mais qu'entends-je !... Au milieu de nos chants de victoire,
  Là-bas gémit une cité;
Elle pleure son père et la brillante gloire'
  Qui suit les pas de l'exilé.

O mon Dieu, dissipez, dissipez le vain rêve
  Que loin de vous font les méchants,
Rendez le saint Pontife à sa chère Genève,
  Rendez le père à ses enfants.

Mgr Mermillod bénit la madone, et tira de son cœur si dévoué à Marie des paroles sublimes. Les larmes coulèrent abondantes quand l'illustre pontife demanda en pleurant une première prière pour son Eglise de Genève, qu'il appelait sa fille infidèle, et cependant bien aimée. Tous ceux qui assistèrent à cette auguste cérémonie n'en perdront jamais le souvenir, et maintenant encore nous nous plaisons à répéter ces inscriptions lues sur les banderoles aux couleurs variées :

Notre-Dame de l'Ile, protégez les pontifes ;

Notre-Dame de l'Ile, protégez le Séminaire ;

Notre-Dame de l'Ile, priez pour nous.

CHAPITRE VII

Nous voici à la veille du sous-diaconat. —
L'abbé Hustache va faire ce pas qui met entre
le prêtre et le monde un abîme éternel. Désormais les liens seront indissolubles. Il ne
les craint pas ces liens ; au contraire, il soupire
après eux comme après un trésor.

« Elle est donc venue, ô mon Dieu, l'heure
tant désirée de l'ineffable sacrifice !... Quelle
ne devrait pas être ma reconnaissance ! Pou-

vais-je l'espérer lorsque j'étais jeune encore...
Mes parents étaient pauvres, il y avait bien
des obstacles... N'importe, vous m'avez conduit comme par la main, et voici que maintenant vos desseins sur moi vont être réalisés.
Oh ! merci, merci, mon Dieu !... Je suis bien
misérable, mais j'ai confiance en vous, grande
confiance ! Vous pouvez tout, je m'abandonne
entièrement entre vos mains... Nos épou-
sailles seront belles et douces, n'est-ce pas ?
Déjà aujourd'hui je sens que vous m'attirez à
vous par un amour que mon cœur n'avait
point encore ressenti aussi ardent. O mon
bien aimé, continuez, approchez-moi de plus
en plus de vous, et que notre union soit
désormais éternelle ! Mettez votre main sur
mon cœur, ne sentez-vous pas qu'il bat bien
fort ? Ne la retirez jamais cette main bénie,
afin que mon cœur, sans cesse réchauffé par
elle, ne batte plus que pour vous. »

Le matin même de l'ordination, pendant
les vingt-cinq minutes consacrées au lever, il
inscrivait rapidement ces quelques mots :

« Quelle douce nuit je viens de passer !
J'ai dormi d'un sommeil bien paisible, et

quand parfois je me réveillais, je me surpre-
nais à réciter mon chapelet, ou bien j'entendais de suaves appellations, comme celle-ci :
Veni, Sponsa Christi ! Belle nuit qui précède
un jour encore plus beau !

En remontant dans sa cellule après l'oraison, il disait : « Six heures et demie. Quelques instants d'attente et puis l'heureux moment sera venu. O mon Jésus, mon Jésus!
Pendant que je serai prosterné au pied de
votre autel, vous bénirez tous les miens, ma
mère et ma sœur qui seront là, mon père qui
sera privé de ce bonheur et qui vous offre ce
sacrifice. »

Enfin la cérémonie de l'ordination commence. Dieu seul connaît l'amour ardent qui
embrasait le cœur du jeune sous-diacre. Celui
qui écrit ces lignes était à ses côtés, il avait
fait le même pas, il était étendu lui aussi sur
les dalles du sanctuaire. Il n'oubliera jamais
ce jour, car c'est un de ceux que le prêtre ne
peut oublier, mais il garde aussi profondément gravée dans son souvenir l'attitude angélique de l'abbé Hustache. Tantôt les yeux
fermés, les lèvres immobiles, son esprit était

comme anéanti dans la méditation ; tantôt la prière sortait brûlante de son cœur et des larmes perlaient dans ses yeux. Ah ! quel beau jour !...

Le soir même de l'ordination, encore sous l'impression du mystère qui vient de s'accomplir en lui, l'abbé Hustache écrit ce qui suit :

« Hélas ! le grand jour n'a pas plus d'heures que les autres, le voilà qui va finir et il ne recommencera plus ! Maintenant il faudra rentrer dans l'ordinaire de la vie, et bientôt les émotions d'aujourd'hui ne seront plus qu'un lointain souvenir. Ah ! mon Dieu, que ne puis-je ici dresser ma tente ! Du moins ce soir enfermé dans ma petite cellule, là à vos pieds, quels doux moments je vais passer !... Et d'abord, comptons mes trésors !... Je suis bien riche aujourd'hui... Oui, Seigneur, vous m'avez comblé de grâces ; j'en connais beaucoup, il y en a infiniment plus que j'ignore. C'est donc bien vrai que je suis sous-diacre !... Je vous suis irrévocablement uni, ô Jésus ; rien désormais ne pourra me séparer de vous. Ni la faim, ni la soif, ni les persécutions, ni la

mort, non, rien ne me séparera de mon Dieu…
Une pensée bien sombre traverse mon esprit,
ô Jésus ; le péché reste toujours possible et il
peut mettre entre nous un abîme affreux. Mon
Dieu, à toutes vos grâces, joignez une dernière faveur, écoutez le vœu le plus ardent de
votre petit sous-diacre. Jésus bien aimé, si
vous prévoyez que je doive quelque jour vous
trahir, fouler aux pieds les doux liens qui
nous unissent ; si vous voyez dans un sombre
avenir votre pauvre sous-diacre scandaliser
l'Eglise ; si vous entendez dans le lointain les
méchants pousser des cris d'allégresse à cause
de moi, et vos saints verser des larmes, ah !
plutôt, faites-moi mourir. N'oubliez pas ma
prière de ce soir, je vous en conjure ! Oui, ou
la sainteté ou la mort !… Mais vous m'avez
béni, ô Jésus, vous êtes venu en moi ce matin, j'espère que vous m'aurez accordé la
grâce de la persévérance. Je vais me mettre
à l'œuvre avec courage. Et d'abord, ô Marie,
Vierge toute pure, je mets sous votre protec-
tion mon vœu de chasteté, gardez-le bien
ne permettez pas qu'il subisse la moindre
atteinte. Ah ! je l'aime la chasteté, je l'aime !…

Pureté, pureté, que tu es belle... Tes charmes m'enivrent de bonheur. Je cueille tes lis avec un amour incomparable, une ardeur qui ne se rassasie jamais. J'en veux mettre partout en moi de tes beaux lis, dans mon cœur, dans mon imagination, dans mes yeux, dans mes oreilles, dans ma bouche, dans mes sens. J'en veux mettre autour du moi, je souffre étrangement là où je n'en vois point. — Pureté, pureté, sois mon partage, mon trésor, ma vie... Ah ! périsse tout en moi, mais que la pureté échappe toujours au naufrage !... O Marie, reine des Vierges, gardez bien le dépôt que je vous confie. Saint Joseph, saint Louis de Gonzague, saint Stanislas Kostka, priez pour moi. »

Nous sommes heureux de retrouver ici quelques lignes qui montrent une fois de plus l'amour divin, développant et sanctifiant les affections naturelles.

« Mon Jésus, un dernier mot. Ma bonne mère et ma chère sœur ont assisté à mon ordination : vous savez que j'ai bien prié pour elles, pour mon père, pour tous mes parents, lorsque vous êtes venu prendre possession de mon cœur par la sainte communion. Après la cérémonie, j'ai pu les voir et le leur dire. Ma mère paraissait bien émue, elle était heureuse du sacrifice qu'elle venait de faire. Elle a versé des larmes pendant la prostration... O mon Jésus, rendez-lui en bonheur, en joie intérieure mais surtout en sainteté ce qu'elle vous a donné. Elle n'avait qu'un fils et maintenant ce fils est à vous. Remplacez-moi auprès d'elle. Vous le ferez d'une manière ineffable, je le sais. Oh ! oui... Bénissez, bénissez à jamais ces parents bien aimés : bénissez mon père, ma mère, ma sœur ; faites-en trois saints. Ils sont bien absorbés par les préoccupations de cette pauvre vie, ils ont à travailler beaucoup à cause de moi ; ne permettez pas que tout cela les retarde dans le chemin du ciel. Parents chéris, ah ! que je désire pour vous une belle place dans le paradis ! »

Après l'ordination aux Ordres mineurs, l'abbé Hustache s'appliquait surtout à honorer Notre Seigneur Jésus-Christ dans le sacrement de l'Eucharistie. Pour entretenir toujours dans son cœur les dispositions les plus ferventes, il avait adopté la méthode qu'employait saint Louis de Gonzague. Les jours qui précédaient la communion étaient employés à la préparation, ceux qui la suivaient à l'action de grâces. Le fruit de son sous-diaconat fut une dévotion très spéciale à l'égard de Jésus souffrant. Le Chemin de la Croix devient une de ses pratiques quotidiennes. Et avec quelle piété, quelle modestie il en parcourt les différentes stations!... Il n'était pas rare de le voir répandre des larmes abondantes. Un de ses confrères affligé de se trouver presque insensible en faisant ce saint exercice épiait notre jeune sous-diacre, se mettait à sa suite lorsqu'il commençait le Chemin de la Croix et, peu à peu, l'émotion du premier agissant sur le second, ils se surprenaient à pleurer tous les deux. D'ailleurs, pour connaître mieux les sentiments que faisait naître dans le cœur de l'abbé Hustache la méditation des souffrances de Notre Seigneur Jésus-Christ, transcrivons les quelques pages qu'il nous a laissées sur ce sujet :

« Je viens de faire le Chemin de la Croix et de méditer sur la passion. J'ai pleuré

comme un enfant pendant tout le temps...
Mais aussi, ô divin Sauveur, pourquoi avez-
vous voulu tant souffrir pour nous et permettre que j'aie été toute ma vie si insensible à
vos souffrances ?... Je suis un bien détestable
ingrat, un insensé bien ridicule... Oh ! je ne
veux plus être si misérable. Je penserai souvent à mon Jésus flagellé pour moi, cou-
ronné d'épines pour moi, condamné à mort
pour moi, chargé d'une lourde croix pour
moi. Je penserai à sa rencontre avec sa sainte
mère, au milieu d'ineffables et mutuelles douleurs ; je considérerai Marie se précipitant
dans les bras de son divin Fils ; je verrai
son visage béni s'approcher du visage de
son Fils, son voile s'embarrasser dans la
couronne d'épines, ses mains, ses habits tout
couverts du sang de la victime. Et puis je sui-
vrai au Calvaire Jésus et Marie que les bourreaux ont contraints brutalement de mettre
un terme à leurs étreintes. J'adorerai mon
Dieu quand les soldats lui arracheront ses
vêtements, la robe sans couture tissée par les
mains de Marie. Toutes ses plaies se rouvrent ;
on ôte la tunique ; on la fait passer par-dessus

son chef divin. Les épines de la couronne s'accrochent au tissu, on tire avec force et les blessures de la tête sont effroyablement élargies... L'Agneau trois fois saint est donc là, dépouillé et chancelant; les bourreaux le saisissent et le couchent sur la croix qu'on a mise à terre. Ils prennent sa main droite et la placent sur un des bras de la croix, où l'on a pratiqué une ouverture pour que le clou pût facilement s'enfoncer dans le bois. Ils ajustent le clou au milieu de la paume de la main et ils élèvent un lourd marteau. Le marteau tombe pour se relever et tomber encore, et le clou entre dans les chairs; la main se crispe, se contracte, le sang coule à gros bouillons... Ils frappent toujours. Enfin, c'en est fait, la main droite, toute couverte de sang, est à sa place, solidement fixée. Les bourreaux prennent la main gauche de la victime qui ne fait pas entendre une plainte. Ils l'approchent de l'ouverture qui doit recevoir le clou; mais, soit que la longueur ait été mal prise, soit que les nerfs se soient retirés, la main ne peut atteindre l'endroit qui lui a été préparé, et alors les soldats la tirent avec violence jusqu'à ce qu'elle soit au-dessus de l'ouverture. Les bourreaux percent encore cette main et la fixent à la croix...

« O mains de mon Jésus, ce sont là de bien terribles souffrances ; vous voulez les endurer pour expier les fautes que j'ai commises... Ah! pitié Seigneur Jésus, pitié ; tout à l'heure, avant de descendre de cette croix, levez-vous encore une fois pour me pardonner et me bénir... Mais déjà les bourreaux ont saisi les pieds et se préparent à les clouer aussi. Ils les tirent encore rudement comme on a fait pour la main gauche ; un soldat appuie même son genoux sur la poitrine de Jésus pour que le corps s'allonge davantage, et on cloue les pieds comme les mains. Le sang s'échappe avec violence, rougit bientôt tout le bas de la croix et ruisselle jusqu'à terre... Pieds de mon Sauveur, vous vous étiez fatigués à la recher-che des pécheurs, c'est donc là le repos qui vous est donné ? Ah ! je vous embrasse à ge-noux et vous adore avec Magdeleine. Cette femme pécheresse trouva, en vous arrosant de ses larmes, la paix et le pardon. Eh bien! moi aussi, je pleure... Laissez tomber sur moi en abondance votre sang qui purifie! La croix est dressée, elle tombe lourdement dans la cavité qu'on a pratiquée dans le rocher pour la recevoir, et la victime trois fois sainte peut être désormais vue de tous sur l'autel de son sacrifice. Jésus est là, droit entre le ciel et la terre, porté par les plaies de son corps. Ses souffrances sont horribles... Il a soif, ses lèvres et sa langue sont brûlantes. Il n'y voit plus; le sang s'est coagulé sur ses yeux, et ses yeux ne peuvent plus rencontrer ceux de Marie, ceux de Jean, ceux de Magdeleine. O Jésus, vous me voyez cependant à travers les siècles. Vous pensez à moi, vous souffrez pour moi... O Jésus, mon Jésus, mon doux Jésus!... Mais la victime sainte vient d'achever son sacrifice: *Consummatum est!* Elle vient de rendre le dernier soupir et la foule déicide commence à s'écouler. Marie demeure seule sur le Calvaire avec Jean et Magdeleine, elle contemple son divin Fils!... O Marie, qu'il est beau Jésus, mort pour mon salut, qu'il est beau! Ah! faites que je l'aime! Mais voici venir le soldat avec sa lance, il s'approche de la croix, enfonce le fer dans le côté de

Jésus, et le côté de Jésus retentit d'un bruit sourd... Le soldat retire sa lance, de l'eau et du sang sortent de la blessure et suivent le fer sacrilège. Les dernières gouttes du sang de Jésus !... Celles que Dieu créa dans le sein de Marie pour former le corps du Sauveur, Celles que Jésus avait toujours conservées avec soin pour les donner aux hommes à ce moment suprême, pour les verser les dernières, et, disent les saints, pour le salut des âmes sacerdotales !... »

La méditation assidue de la passion de Notre Seigneur Jésus-Christ alimentait dans le cœur de l'abbé Hustache le désir des souffrances. Il était heureux d'apprendre de la bouche de Jésus que le disciple n'est pas plus grand que le maître, et que lui aussi aurait beaucoup à souffrir. Il s'en réjouissait d'avance, il se laissait aller à de saints transports : « Jésus a tant souffert, Jésus mon bien aimé, et moi je ne souffrirai rien !... Je veux souffrir !... Je veux souffrir !...

« Un jour, saint Jean vit dans le ciel un autel, et sur cet autel du feu et une victime. Je vous conjure, mon Dieu, de dresser un autel semblable dans mon cœur. Qu'il y ait dessus le feu ardent de la charité, et au milieu de ce brasier, se consumant et s'anéantissant tout ce qui se trouve en moi de mauvais et de corrompu. Quand vous m'enverrez quelque petite épreuve, je l'accepterai avec joie ; quelque humiliation, quelque peine, je ne me plaindrai jamais... Je ferai tout en esprit de pénitence, je travaillerai ainsi toujours, toujours !... Mon, Jésus, divin crucifié, que je n'oublie jamais ma promesse !... Et toi, ô croix sainte, trône sanglant de mon Rédempteur, je te salue !... Dans les moments d'épreuve, quand l'âme est sans courage et que les yeux sont pleins de larmes, je lèverai mes regards vers toi. Je te presserai contre ma poitrine et contre mes lèvres et je me dirai que mon Dieu a bien souffert aussi. Si jamais, les jours plus tristes encore de la tempête et de l'orage, si jamais les assauts de la tentation reviennent m'assaillir, je te prendrai pour appui, je m'attacherai à toi avec une force invincible.

« *O bona Crux !* O bonne croix, que tu as de charmes, que tu es belle, que tu es aimable, toute teinte du sang de mon Jésus ! Que ton poids est doux pour mon cœur, que tes aspérités me flattent délicieusement !...

« *O Crux, spes unica !* C'est toi qui me donnes cette confiance dont j'ai un besoin si grand quand je regarde mon triste passé ; c'est toi qui me remplis de courage lorsque je tourne mes yeux vers les incertitudes de l'avenir. On nous dit à chaque instant que nous aurons à souffrir beaucoup durant notre vie sacerdotale, si nous voulons être de saints prêtres. Eh bien ! je souffrirai avec mon Jésus ; je serai sur la croix, mais j'y serai avec Lui. *O crux, spes unica !...*

« Mon pauvre cœur, si jamais tu relis ces lignes aux jours de l'épreuve, souviens-toi de tes promesses. La vie est courte, tu le sais bien, voici l'éternité qui va tout guérir. Alors tu ne trouveras plus ton Jésus sur une croix, mais sur un trône de gloire.

« *O bona crux !* Qui le croirait s'il ne l'avait éprouvé ? Tout le bonheur solide et réel que l'on puisse goûter ici-bas est en toi. Tout est tromperie et illusion sans toi, car, sur la terre tu ne te sépares pas de Jésus et Jésus seul est la voie, la vérité et la vie. O bonne croix ! Les saints connaissaient les délices dont tu enivres l'âme, eux qui s'écriaient : *Qu'il fait bon au pied de la croix, mais qu'il fait meilleur encore cloué sur la croix !!*

« *O crux, spes unica !* Je ne me séparerai jamais de toi, je te porterai tous les jours de ma vie ; dès ce moment je commence... Mon Dieu, aidez ma faiblesse... »

Le cœur de l'abbé Hustache était trop bien préparé à la souffrance, son désir d'expiation trop ardent pour que le bon Dieu ne l'exauçât pas afin de le faire mériter toujours davantage. Il avait dit : « Je veux souffrir, je veux souffrir ! » La souffrance vint et nous l'entendrons bientôt s'écrier :

« Mon Dieu, vous me donniez donc un pressentiment de l'avenir ! Je l'ai portée, la croix de mon Jésus, je l'ai portée tous les jours depuis bien longtemps ; je la porte encore, je souffre toujours... *Pater, fiat volontas tua...* Non, je ne veux pas me plaindre !... Puisque vous avez voulu que tous mes instants se passassent mornes et stériles, puisque votre bon plaisir a été que je ne travaillasse qu'à grand'peine, et que je ne me préparasse que d'une manière bien imparfaite aux grandes choses de bientôt ; ah ! je me soumets avec amour et j'adore vos desseins toujours paternels. Maintenant peut-être je ne comprends pas la raison de toutes ces épreuves, mais je la comprendrai au ciel !...

« Mon Dieu, je vous offre ce que j'ai souffert cette année, je vous offre ce que je souffre encore aujourd'hui, j'accepte la part d'amertume qui reste au fond de mon calice. Faites que toutes ces misères servent à ma préparation au sacerdoce. »

Pendant qu'il souffrait beaucoup, il se trouva de passer un jour près du cimetière de la Tronche. C'est le chemin que l'on suit pour se rendre à la campagne du Grand Séminaire. Laissons-le nous raconter l'anecdote suivante, qui nous montre combien la souffrance dégageait son âme de toute cette figure du monde, et concourait à le porter vers nos immortelles destinées :

« Tout à l'heure, j'ai jeté un coup d'œil sur le cimetière. Des ouvriers démolissaient le vieux mur qui longe le chemin, et creusaient dans la terre pour élever plus loin la nouvelle muraille. On a déterré un assez grand nombre d'ossements. Quand je passais, le fossoyeur venait d'achever un trou très étroit qui devait les recevoir. Pendant qu'il les transportait de l'endroit où on les avait entassés provisoirement à ce nouveau tombeau, j'ai entendu un enfant crier à ses jeunes camarades : « Venez donc voir, il y a dix têtes !... » Et les enfants sont venus et ils ont regardé. Puis, quand le fossoyeur a eu fini, il est descendu dans la fosse ; il a dansé sur les crânes et les ossements pour mieux faire remplir tous les vides. Les pauvres morts épars à ses pieds tenaient pourtant déjà bien peu de place !... Oh ! qu'on est insensé de vouloir être si grand pendant la vie !... »

A quelques jours de là il ajoutait : « Ce soir on a versé des larmes. C'est ma chère sœur qui a pleuré, parce qu'on l'a privée d'une soirée de famille où se trouvaient plusieurs de ses compagnes. Pauvre enfant ! Elle n'a pas vu, elle, les os et les crânes écrasés par le pied du fossoyeur !... Mon Dieu, faites du moins que son frère qui les a vus, ne l'oublie jamais !... »

CHAPITRE VIII

*Ordination du diaconat. — Zèle de l'abbé Hustache pour la
sanctification de ses parents.*

La troisième année du Grand Séminaire
touche à sa fin. L'abbé Hustache est le
modèle de la communauté, il a mené constamment une vie sainte et toute cachée en
Dieu. Cependant à la vue du chemin parcouru, il tremble ; il se recommande avec
instances aux prières de ses amis et des âmes
pieuses ; il écrit à sa famille une lettre des
plus touchantes :

« Monsieur le Supérieur vient de m'avertir
que je suis appelé au diaconat. Dans quelques

jours je serai un des compagnons de saint
Étienne et de saint Laurent ; j'aurai pris place
sur le degré qui précède le sacerdoce ; déjà
je posséderai l'ineffable pouvoir de porter
dans mes mains notre Seigneur Jésus-Christ.
Redoublez, je vous en prie, mes bien-aimés
parents, redoublez de ferveur. Je suis si pauvre en vertu !... Dimanche prochain, probablement, monsieur le curé annoncera cette
heureuse nouvelle et me recommandera aux
prières de ses chers paroissiens. Bien-aimé
père et bien-aimée mère, si alors les larmes
vous viennent aux yeux, laissez-les couler.
Ces larmes se changent pour moi en sources
de joie et de bénédiction. Après avoir été si
longtemps à la peine, il est bien juste que
vous soyez un peu à l'honneur. Que toujours vos joies soient mes joies et votre bonheur, mon bonheur !!

« Nous sommes douze appelés au diaconat,
nous avons passé hier l'examen canonique,
je l'ai bien su. M. le Supérieur qui m'a inter-
rogé, s'est montré fort content de mes réponses. Le bon Dieu me gâte toujours !... »

Le 10 juin 1875 l'abbé Hustache prenait

part à l'ordination du diaconat. Sa reconnaissance se traduit par une prière embrasée :

« *Magnificat anima mea Dominum.* Tous les jours de ma vie je penserai aux miséricordes de mon Dieu; *misericordias Domini in aeternum cantabo.* Comme je vais bien réciter mon cher bréviaire désormais !... Je m'unirai à saint Étienne que je prends pour le protecteur spécial de l'ordre que je viens de recevoir ; je m'unirai aux concerts des anges et des séraphins pour répéter sans cesse : *Te Deum laudamus, te Dominum confitemur ;* et encore : *Gloria Patri et Filio et Spiritui Sancto.* Gloire au Père qui a eu pitié de ma misère ; gloire au Fils qui m'a lavé dans son sang ; gloire au Saint-Esprit qui est venu fixer sa demeure dans mon âme pour lui communiquer le don de force ! *Benedicite omnia opera Domini Domino.*

« Mon Dieu, une prière maintenant !..... Voyez, je suis faible encore, je pourrais tomber, mettez votre force dans mon âme. Mes yeux pourraient se détourner du but et s'abaisser encore sur les vanités d'ici-bas, enchaînez tout mon corps avec les liens les plus forts, l'amour, afin que je sois toujours et complètement à vous : *Vinctus in Christo Jesu.* »

A mesure que notre pieux séminariste approche du sacerdoce, sa correspondance avec ses parents, toujours aussi affectueuse que pendant sa première jeunesse devient plus édifiante, sa piété plus virile. On sent une âme qui aime son Dieu et qui ne désire rien tant que de le faire aimer par tous, par ceux surtout qui lui sont le plus chers. Il revient sans cesse sur le bonheur de l'union intime avec Jésus par l'état de grâce, sur la sanctification de chacune de nos œuvres quotidiennes, sur le rachat de nos dettes en gagnant les précieuses indulgences offertes par l'Eglise. Les deux lettres suivantes en sont un exemple remarquable :

Grand Séminaire de Grenoble.

« Bien chers et bien aimés parents,

« J'ai été bien inquiet dans le milieu de la semaine dernière. Habituellement vous répondiez à mes lettres le dimanche qui suivait leur réception, mais cette fois il n'en a pas été ainsi. Vous dire tout ce que ce retard m'a causé de peine est presque impossible. Je me figurais mille accidents. La moins triste de mes suppositions, c'était que ma dernière lettre ne vous était pas parvenue. Mais enfin puisque grâce à Dieu il n'en est rien, n'y pensons plus... Comment allez-vous, bien-aimés parents?... Vous devez avoir beaucoup de travail en ce moment à cause des récoltes. Offrez toujours vos peines au bon Dieu, n'est-ce pas? afin qu'il vous les rende un peu moins lourdes et surtout qu'il vous les compte pour le paradis, ce cher séjour où nous n'aurons plus besoin de travailler, où nous n'aurons plus rien à souffrir, où le divin Maître en se montrant à nous, en nous faisant jouir de Lui, de son bonheur infini, nous rendra heureux d'une joie qui ne laissera plus rien à souhaiter. En le possédant, nous posséderons tout ce qu'il y a de bien, de beau, d'agréable!... Ah! pensons souvent à tout cela, et nous supporterons avec patience les misères de cette pauvre vie. Ici-bas il y a sans cesse en nous quelque chose qui n'est pas satisfait, qui souffre. Au ciel seulement le bonheur sera complet ! Oui, bienheureux ciel, nous voulons te posséder !... Là la joie est éternelle... Ah ! qui nous donnera de comprendre ce mot ?... Vous, bien-aimés parents, vous êtes assurés de sauver votre âme ; vous avez tant de peine, et puis vous êtes si bons, si sages, si charitables ; mais votre Auguste !... Priez bien pour moi, afin que je sois un jour un saint prêtre. »

Nous avons admiré déjà les pieuses industries de l'abbé Hustache pour faire aimer Dieu autour de lui. La lettre suivante que nous avons cru devoir citer malgré sa longueur, nous montrera une fois de plus qu'il avait bien compris et mettait parfaitement en pratique ce conseil si souvent répété par le vénéré Directeur du Séminaire, M. Mussel : « Nous devons avoir une instruction pieuse et une piété instructive. »

Grand Séminaire de Grenoble.

« Mes bien-aimés parents.

« Je devrais peut-être renvoyer ma petite correspondance. Aujourd'hui nous sommes en séance d'examen, il n'y a point de tables et je suis obligé d'écrire cette lettre sur mes genoux. Mais c'est bien long d'attendre jusqu'à la semaine prochaine, j'aime mieux m'exposer à vous envoyer une vilaine lettre, tout distrait que je suis par mes confrères qui passent leur examen, et à faire fâcher ma bonne sœur qui ne saura comment déchiffrer mon écriture. Du reste, jamais je ne vous aurai écrit en aussi bonne compagnie : Monseigneur vient d'arriver ; il est là, à deux petits pas de moi. Je n'aurai pas l'honneur de passer mon examen devant Sa Grandeur, car c'est déjà fait. J'ai bien su cependant, bien su !... M. Orcel m'a fait des compliments. C'est bien, m'a-t-il dit, vous ne répétez pas, vous parlez latin avec aisance, on vous écoute avec intérêt. Cela vous fera d'autant plus de plaisir, chers parents, que notre excellent Supérieur n'est pas complimenteur... Nous n'avons donc plus qu'à remercier le bon Dieu et la très sainte Vierge. Il paraît que vous avez bien prié pour moi ; seul, je n'aurais pas pu si bien réussir.

« Mais j'ai remarqué souvent que vous

preniez le plus grand plaisir à m'entendre parler de ce qui faisait l'objet de mes études ; je m'en autorise pour vous entretenir, cette fois, d'une question qui sera, je crois, pour vous pleine d'intérêt et d'utilité ; je veux parler des indulgences. Je commence sans aucun préambule.

« Pourquoi les indulgences ? Quand nous allons nous confesser, nos péchés sont remis dès que nous avons reçu l'absolution, mais il nous reste une peine à expier en ce monde ou en l'autre dans le purgatoire. C'est juste, car si le bon Dieu pardonnait complètement, on l'offenserait encore avec plus de facilité qu'on ne le fait malheureusement. Aussi nous a-t-il déclaré Lui-même qu'après le pardon il reste quelque chose. Il nous a révélé cela par des exemples remarquables que nous lisons dans la sainte Ecriture. C'est ainsi que nous voyons Moïse manquant de confiance dans le Seigneur, pardonné presque aussitôt par Dieu et cependant condamné à ne point entrer dans la terre promise en punition de sa défiance. Vous connaissez aussi l'histoire du saint roi David ; vous savez qu'après le pardon de ses deux grosses fautes, Dieu le châtia encore rigoureusement. L'enfant de son péché mourut sous ses yeux; un autre de ses fils se révolta contre lui et l'abreuva d'opprobres. C'est pour satisfaire à cette loi de la justice divine que le prêtre, avant l'absolution, nous donne une pénitence. Mais ces pénitences sont ordinairement bien petites ; elles ne peuvent payer évidemment tout ce que nous devons, surtout si nous ne nous confessons que rarement. Autrefois, dans la primitive Église, alors que la foi était vive et que les fidèles comprenaient leurs devoirs de chrétiens, ces pénitences étaient bien plus rigoureuses. Celui qui avait blasphémé une fois en public, devait sept dimanches de suite se tenir debout à la porte de l'église pendant la sainte Messe. Pendant ces sept dimanches il était forcé de nourrir trois pauvres. Parler à l'église sans nécessité, s'y distraire, était puni par dix jours au pain et à l'eau, etc... Vous voyez, chers parents, que nous sommes loin de ce temps-là. Et pourtant Dieu n'a pas changé, ni le mal du péché non plus. Lorsqu'on a commis une faute, il y a toujours la même nécessité de l'expier. Mais comment faire une semblable pénitence? L'Eglise, cette tendre mère, qui ne veut le malheur d'aucun de ses enfants, nous a donné un autre moyen de satisfaire à la justice divine, moyen facile et proportionné à notre faiblesse, les Indulgences. Jésus-Christ en vivant sur cette terre et en mourant pour nous avait offert à son Père des satisfactions d'un prix infini. Ces satisfactions étaient évidemment plus que suffisantes pour obtenir le pardon des péchés des hommes dans l'univers entier. Ce qui n'a pas été employé ne peut être perdu et doit servir à remettre en plus la peine due à ces péchés dont il nous a déjà obtenu le pardon; c'est ce qui arrive. Ces satisfactions surabondantes de notre divin Sauveur ont formé un grand et riche trésor où les hommes ont trouvé de quoi payer à la justice de Dieu ce qu'ils ne pouvaient plus payer par eux-mêmes. Dans ce trésor sont venues se déverser les satisfactions de la sainte Vierge et des saints.

La sainte Vierge n'avait pas besoin de satisfaire pour elle-même; il n'y a jamais eu en elle l'ombre du péché; cependant elle a été bien éprouvée sur la terre. Il faut que toutes ses souffrances et ses bonnes œuvres servent à quelque chose. C'est pour cela qu'elles ont été déposées par Dieu dans le trésor de l'Eglise. Il en est de même de tous les saints. Les saints ont tous péché plus ou moins, mais ils ont acquis tant de mérites ! les martyrs, les anachorètes, les missionnaires !.. Ils n'avaient pas besoin de tout pour expier leurs fautes. L'excédent va encore augmenter la richesse spirituelle de l'Eglise. Ce trésor est dans l'esprit de Dieu qui se souvient de ces satisfactions, et qui est incliné à l'ouvrir aux hommes à la voix du vicaire de Jésus-Christ. Dès qu'il le juge convenable, le pape donne aux chrétiens ce moyen efficace de se libérer de leurs dettes. Vous voyez qu'elles ne servent pas à remettre les péchés et qu'il faut toujours se confesser ; mais elles servent à payer la peine due aux péchés déjà pardonnés.

Maintenant il nous reste à voir dans quelle mesure les indulgences remettent cette peine. Vous savez qu'il y a des indulgence partielles et des indulgences plénières. Les indulgences plénières remettent toutes les peines dues à tous les péchés que nous avons commis et dont nous avons reçu l'absolution. De sorte que lorsqu'on a gagné une indulgence plénière on ne doit plus rien; tout est payé, et, si l'on mourait dans cet état, on irait tout droit au ciel, sans passer par les flammes du purgatoire. Une indulgence plénière est donc quelque chose d'infiniment précieux et désirable. Quant à l'indulgence partielle, il est facile aussi d'en comprendre l'explication. Supposons une indulgence dite de sept ans et de sept quarantaines. Cela ne veut pas dire que par la petite prière bien récitée on obtient la rémission de tous les péchés commis pendant sept ans et sept quarantaines de jours. Cela ne veut pas dire non plus qu'on diminue son purgatoire de sept ans et de sept quarantaines ; non, ce n'est pas cela. Quand l'Église nous dit qu'elle nous accorde une indulgence de sept ans et de sept quarantaines, c'est comme si elle nous disait qu'en faisant la prière indiquée dans les conditions voulues, c'est-à-dire, en état de grâce, etc., nous satisfaisons autant que les premiers chrétiens par une pénitence publique de sept ans et de sept carêmes. Vous voyez donc, chers Parents, que c'est là un moyen bien facile de faire les pénitences si rigoureuses dont nous parlions tout à l'heure et qui vous effrayaient sans doute. C'est le moyen d'avancer beaucoup son travail avec peu de peine. On a, du reste, mille occasions de gagner des indulgences partielles ; il en est d'attachées à toutes nos prières ou à peu près ; au signe de la croix, au *Pater*, à l'*Ave Maria*, etc... Pour gagner ces indulgences, il n'est pas même nécessaire d'y penser chaque fois. Il suffit d'en renouveler chaque jour l'intention à la prière du matin.

Mais je termine ces considérations déjà longues ; en continuant, j'aurais l'air de vouloir prouver que j'ai bien su mon examen.

J'aurais presque envie de répondre à la lettre du bon oncle X... ; il y aurait bien à dire et ce serait facile, surtout à propos des éloges qu'il me donne, à moi qui suis si peu de chose. J'aimerais bien mieux qu'il prît en considération l'observation que je lui ai faite : je prie pour cela tous les jours.

Adieu, bien-aimés Parents, je n'essaie pas

de vous remercier, ce serait impossible ; je
garde tout dans mon cœur pour vous aimer
chaque jour davantage. Encore une fois, adieu,
je prie mon bon ange gardien d'aller vous dire
toute mon affection, en attendant que je
puisse vous l'exprimer moi-même.

Auguste Hustache.

Dans les pages qui précèdent, on ne sait
qu'admirer le plus, ou de la lucidité qu'il apporte dans l'explication de l'importante matière des indulgences, ou du zèle qui l'embrase
pour le salut des siens. Il savait très bien que
celui qui sauve l'âme de son frère sauve la
sienne ; à plus forte raison celui qui sauve
l'âme de son père et de sa mère. Une seule
chose le préoccupait plus que la sanctification
du prochain, c'était sa propre sanctification.
Il avait toujours présent à l'esprit ce sage conseil du vénéré M. Orcel : « Le Grand Séminaire est un temps très précieux ; on doit y
faire si ample provision de ferveur qu'en en
répandant tout le long de sa route on s'en
trouve encore assez pour bien mourir. »

A la même époque de sa vie, le passage de

l'Imitation : « *Pauperrimus est qui vivit sine Jesu, et ditissimus qui bene est cum Jesu...* » inspirait à notre pieux diacre les réflexions suivantes :

« Eh bien ! je veux être riche désormais, infiniment riche. Je sacrifierai tout pour posséder Jésus. Je veux être à lui et le posséder sans retour. Pour cela, je serai humble et pacifique ; je serai fervent et recueilli. Je ne me laisserai plus distraire par les choses extérieures, car il suffit de cela pour mettre en fuite le Bien-Aimé. Or, à qui irai-je si Jésus se sépare de moi ? Vivre sans Jésus, c'est un enfer insupportable... O Jésus, ô mon bon Père, que je sois toujours tout à vous... »

CHAPITRE IX

Enfin elle est arrivée l'heure solennelle. Le sacerdoce se présente à notre pieux séminariste avec sa majesté divine et son effrayante responsabilité. Oh ! qui pourrait redire l'émotion de son cœur !.. Dieu avait semblé réfléchir avant de créer l'homme, parce qu'il devait le faire à son image et à sa ressemblance. Et le prêtre n'est point une simple image : *Sacerdos alter Christus* ; le prêtre est un autre Christ. Il est un autre Christ lorsqu'il fait entendre aux pécheurs repentants ces paroles de pardon : *Allez; vos péchés vous sont remis.* Il est un autre Christ lorsque, chaque jour, montant au saint autel, il change un peu de pain et de vin au corps, au sang, à l'âme et à la divinité de notre Seigneur Jésus-Christ. Il est un autre Christ dans les moindres fonctions de son ministère tout surnaturel. Nécessairement il doit l'être aussi dans sa conduite. Humble comme Jésus, patient comme Jésus, pur comme Jésus, fort comme Jésus, il ne doit éprouver que du mépris et de la pitié pour toutes les vanités du monde, se rappelant les abaissements de la crèche et les effroyables tourments de la croix. Ces pensées étaient sans cesse présentes à l'esprit de l'abbé Hustache. Il voyait saint François d'Assise reculer devant la sainteté du sacerdoce et rester diacre toute sa vie. Il voyait tous les saints n'avancer qu'en tremblant, après de longues retraites et des mortifications sans nombre. Aussi, pour chercher un appui contre ses vives appréhensions, il commence par renouveler sa prière du sous-diaconat :

« O mon Dieu, voici ma dernière retraite du Grand Séminaire, elle a commencé hier soir... Ces quelques jours vont peut-être décider de tout mon avenir sacerdotal... Divin Maître, parmi ceux qui sont appelés il en est un qui s'est donné à vous mille fois et qui ne vous appartient pas encore tout entier, bénissez-le, faites cependant qu'il soit un saint prêtre ! Mais je tremble... La veille du beau jour de mon sous-diaconat je vous ai supplié de ne jamais permettre que j'arrivasse au Sacerdoce si je devais être un mauvais prêtre ! Aujourd'hui du fond du cœur je vous fais la même prière. Il est temps encore, Seigneur, ordonnez que je meure...

« Mon Dieu !... Mon Dieu ! l'autel c'est le calvaire et je vais y monter. Ah ! la victime n'est pas pure, n'est pas forte. Si vous la voulez, fortifiez-là, purifiez-là... Le ciel sera ouvert au-dessus de ma tête quand j'offrirai le saint Sacrifice et moi je me traînerai encore terre à terre !!

« Seigneur, Seigneur, votre jour est-il donc enfin venu ? Est-ce maintenant que vous allez me changer, me transfigurer en vous ? Votre

voix va-t-elle se faire entendre et allez-vous
me dire de vous suivre ? Votre lumière va-t-
elle luire dans mon âme et votre cœur va-t-il
absorber mon cœur ?..

« La retraite !... Mystère... Mon Dieu, j'espère en votre amour. »

Avant de recevoir l'onction sacrée du
Sacerdoce, afin d'assurer toujours davantage
sa fidélité à Jésus il fait un serment solennel.

Serment d'éternelle fidélité.

« Oui, mon Dieu, je vous serai fidèle
jusqu'à la mort. Vous pourrez faire de moi ce
qu'il vous plaira, je souffrirai tout. Plus de
péché ! Pauvre misérable enfant, je viens me
jeter au pied de votre croix, ô Jésus, je l'embrasse avec l'étreinte de l'amour le plus ardent.
Oh ! je ne veux plus me séparer de cet arbre
sacré de mon salut. Pourquoi m'en suis-je
tant éloigné dans mon triste passé ? Mon Jésus,
les paroles me manquent !... Je sens quelque
chose qui étouffe ma voix et m'empêche même
de respirer. Douces larmes qui mouillez mes
yeux et tombez sur cette page, ah ! coulez,
coulez !... Oui, Seigneur, je vous servirai

désormais dans la patience, l'humilité, la chasteté, l'obéissance à mes supérieurs, et si vous le voulez dans la pauvreté et la souffrance tous les jours de ma vie.

« Je suis à la veille du Sacerdoce. O bonté, bonté de mon Dieu ! Moi, votre prêtre, votre prêtre pour toujours !.. Et je ne serai pas tout à vous désormais?... Je le jure, Seigneur, je vous appartiens, je ne vous offenserai plus... Mon cœur, mon âme, mon corps, ma vie, mon éternité sont vôtres. J'embrasse votre croix chérie et rien ne pourra m'en séparer. Entendez ce serment, ô Jésus, je vous le présente par les mains de la Vierge Marie. Que j'y sois fidèle jusqu'à la mort, et s'il le faut jusqu'à la mort de la Croix... Amen. »

L'abbé Hustache ne se contente pas d'affections pieuses, il ne se contente pas même d'un serment de fidélité, il prévoit l'avenir. Le moment est solennel. Bientôt il lui faudra quitter le Grand Séminaire, le port, et comme le marin se lancer sur des flots qui couvrent bien des écueils. Il redouble de prévoyance et dans ce dernier silence, dans ce suprême recueillement du Sanctuaire il prend des résolutions sérieuses qui seront plus tard la boussole de sa vie sacerdotale :

« Esprit-Saint, venez m'éclairer ; je suis impuissant par moi-même à voir la conduite que je dois tenir pour arriver à la sainteté, au ciel ; daignez m'enseigner ma voie.

« Je suis appelé au Sacerdoce, c'est-à-dire à tenir la place de Jésus-Christ sur la terre ; je dois donc être un saint, un homme rempli de l'esprit de foi, de l'esprit de charité, d'abnégation, de mortification. Tous mes efforts et tout mon règlement devront tendre vers ce but magnifique. Mais d'un autre côté je ne dois pas oublier combien je suis faible et misérable, porté à l'égoïsme et à la sensualité. Il faudra donc que je déclare une guerre à mort à ces vices hideux. Enfin ce sera peu de m'imposer un règlement, il faudra encore et surtout l'observer très bien.

« Mon Dieu !... Mon Dieu, que j'ai besoin de votre aide !...

« Ma vocation demande de moi une sainteté sans bornes et toutes les fonctions du ministère m'exposeront à d'innombrables chutes. Je devrai vivre avec vous dans l'union la plus intime, et tout, si je n'y prends garde, tout me distraira, me dissipera...

« Il est une vertu surtout indispensable au prêtre ; la Pureté. O mon Dieu, je vous en conjure, faites que je garde toujours bien blanc le lis de mon sous-diaconat. Que je sois un ange, un Chérubin !... Pour cela que ferai-je ? D'abord j'aurai une dévotion constante envers ma bonne Mère du ciel, la Vierge sans tache. — Je garderai de la manière la plus parfaite la modestie des yeux. Mes yeux seront habituellement baissés et ils ne s'arrêteront jamais sur rien de tant soit peu dangereux. — J'observerai toujours à table la plus austère sobriété. Il semble, ô mon Dieu, que vous avez voulu m'avertir de cette précaution fondamentale en m'envoyant une maladie d'estomac. Si je veux garder une santé passable je suis obligé d'être très sobre. Quel bonheur ! Quelle grâce ! Mon Dieu, mille fois merci !

« Toutes les occasions dangereuses, je les éviterai avec une prudence excessive. Sans cesse je veillerai sur mon cœur, me demandant chaque soir dans mon examen s'il ne ressent pas quelque inclination qu'il n'ose s'avouer, et à l'instant même je l'immolerai aux pieds de mon Crucifix.

« J'aurai ensuite des soins tout particuliers à donner à la vertu d'humilité. C'est un grand mystère que de voir réunis ensemble dans ma pauvre âme tant de misères et tant d'orgueil. Mon infirmité devrait me rendre infiniment humble, mais hélas ! le contraire existe... Et cependant si je ne suis pas humble, comment devenir un saint prêtre ? Mon ministère sera voué à une effroyable stérilité, je me perdrai et je perdrai les âmes qui me seront confiées. Je prends donc à vos pieds, ô mon Dieu, la résolution irrévocable de cultiver d'une manière toute spéciale l'humilité en moi. Je penserai souvent aux misères de mon cœur, aux ténèbres de mon intelligence, aux infirmités de mon corps. Jamais je ne jugerai mes frères, je penserai toujours qu'il y a en eux beaucoup plus de bien qu'en moi. — Jamais aucune action dans le but de m'attirer l'estime et la considération du prochain. Je serai heureux au contraire, lorsque je me verrai oublié, méprisé. Oh ! que ne puis-je comprendre toujours comme maintenant la joie que vous avez mise dans l'humilité constante et parfaite ! Quel bonheur ineffable d'être caché en vous, ô mon Jésus, en vous si humble dans votre vie d'autrefois en Judée, si humble encore maintenant dans votre vie eucharistique ! Que je serais donc insensé si jamais je recherchais la gloire et les applaudissements ! Non, non, mon Dieu, non jamais cela. Je serai au contraire toujours bien petit, bien inconnu. Dans mes prédications je n'aurai jamais en vue que vous et le bien des âmes ; je les composerai le crucifix sous les yeux. Avant et après mes sermons je m'humilierai profondément devant vous, humilité, humilité !...

« A cette vertu s'en rattache une autre bien précieuse aussi : l'obéissance. Bientôt je serai envoyé comme vicaire à un de vos ministres, ô mon Dieu, pour l'aider dans les fonctions pastorales. J'aurai toujours devant les yeux ces paroles de nos statuts diocésains : « Les vicaires n'oublieront jamais que leur ministère est un ministère de dépendance et qu'une de leurs principales obligations est la soumission et la subordination envers leur curé. Ils sont envoyés pour faire son œuvre et pour l'aider en travaillant sous sa direction. » En conséquence, je serai avec le curé à qui vous me donnerez, dans une soumission entière. Je ne ferai jamais rien que d'après son ordre, j'aurai pour lui toutes sortes d'égards et de prévenances pleines de respect et de confiance.

« Autre vertu qui m'est encore nécessaire : l'esprit de foi. Ma vie, je puis bien le dire, ma vie de prêtre me placera sans cesse dans la sphère du surnaturel et du divin. J'aurai à administrer les sacrements de baptême et de pénitence, à offrir le Saint-Sacrifice, à distribuer le pain des anges aux âmes, à prier, à être médiateur entre la terre et le ciel... Qu'est-ce que tout cela, sinon des choses surnaturelles ? Et si je n'ai pas l'esprit de foi, comment m'acquitterai-je de mes sublimes fonctions ? D'une manière toute machinale, tout extérieure. O mon Dieu, ne le permettez pas ! S'il en devait être ainsi, mieux vaudrait que vous me fissiez mourir avant mon ordination, car je serais trop malheureux, trop funeste aux âmes. Un prêtre tout extérieur, quel con-

tre-sens ! Quelle calamité ! Quel bien fera-t-il
aux âmes, quelles grâces fera-t-il descendre
sur elles !.. Que dira-t-il à ce cœur qui ne veut
pas se convertir à Dieu, et à cet autre qui brûle
du pur amour, mais qui manque de guide?
Comment consolera t-il ce pauvre enfant
broyé par la douleur et qui vient chercher en
son pasteur un baume pour toutes ses plaies?..
Oh ! le prêtre sans l'esprit de foi, quel effroyable malheur !... Comment procurera-t-il votre
gloire, ô mon Dieu ? Comment vous fera-t-il
aimer ? Comment entourera-t-il votre tabernacle des honneurs qui vous sont dus ? Comment offrira-t-il le Saint-Sacrifice ? Il ne
pense pas à son Dieu et il est constamment
avec vous, à vos côtés !.. Et il ne vous aime
pas, l'infortuné !.. C'est l'homme le plus malheureux du monde. Il ne sait pas vous goûter,
jouir de vous ! Et à qui donc demandera-t-il
un peu de joie ? A la terre ? Hélas ! hélas !
Mon Dieu, éloignez pour jamais un pareil
malheur de vos prêtres. Faites que nous
soyons des hommes de foi, que nous sachions
vous voir partout où vous êtes, et vous honorer, vous aimer partout. Pour cela, quels

moyens prendrai-je? Ces moyens sont nombreux, et il serait trop long de les énumérer ici.

« Le premier, sans doute, c'est la prière bien faite. Mon Dieu, qu'il serait donc à désirer que je commençasse enfin à bien prier! Jusqu'ici je n'ai pas encore prié comme je le désire. C'est une grâce que j'attends de vous le jour de mon sacerdoce. Vous apprendrez à votre indigne prêtre le grand art de bien prier. — Le second moyen que j'emploierai sera la pratique habituelle de la présence de Dieu. Encore ici, Seigneur, apprenez-moi le secret de cette pratique bénie. Le tout sera renforcé par un travail infatigable en vue d'avancer l'œuvre de Dieu. J'essaierai vainement d'être pieux, si je n'aime pas le travail. Je me garderai bien d'être un homme du monde. J'aimerai ma chambre, ma table de travail, mes livres, mes cahiers ; ainsi je trouverai toujours beaucoup de temps pour l'étude. Je ferai oraison avec le plus grand soin. Je célébrerai le saint Sacrifice de la messe comme si c'était le premier et le dernier que je dusse célébrer. La messe, ah ! quelle chose ineffable, et je vais la dire demain !.. »

En effet, le lendemain 26 mai 1877, l'abbé Hustache recevait l'onction sacerdotale, dans la chapelle du Grand Séminaire de Grenoble, des mains de Sa Grandeur Mgr Fava.

« Je suis prêtre, *sacerdos in æternum...* » Tel est le seul écho de ce beau jour qu'il ait voulu laisser parvenir jusqu'à nous. Il craignait, en écrivant, de profaner des choses aussi sublimes, car la plume la plus exercée doit s'avouer impuissante. — Dès le soir, il se rendit auprès de M. le Supérieur et lui demanda la permission d'aller célébrer le saint Sacrifice de la messe, pour la première fois, dans la chapelle de Notre-Dame de la Salette. La permission lui fut accordée avec beaucoup de bonté. Il avait tant de raisons à faire valoir ! N'était-il pas véritablement l'enfant de la Vierge de la Salette, lui qui était né, qui avait fait sa première communion au pied de la montagne sanctifiée par l'apparition de Marie ? Bien souvent il avait gravi les pentes abruptes du Gargas pour aller faire des retraites plus recueillies, là même où la sainte Vierge avait répandu des larmes. Il était bien juste qu'il célébrât sa première messe dans une chapelle qui lui rappelait de si doux souvenirs. Ecoutons quels furent ses sentiments dès l'aurore de ce beau jour :

« *27 mai, 4 h. 1/2 du matin* : Le voilà donc arrivé, ô mon Dieu, le jour de ma première messe ! Qu'il sera magnifique ce jour à jamais béni ! Le soleil se lève radieux pour l'éclairer et mon bon ange me chante à l'oreille des choses ineffables... Seigneur Jésus, bénissez votre prêtre. Oh ! qu'il inaugure bien son sacerdoce ! S'il est quelque tache en lui, purifiez, pardonnez tout. Que je vous offre avec des mains pures, ô Jésus !..

« C'est dans la chapelle de Notre-Dame de la Salette que j'offrirai mon auguste Sacrifice. Bonne Mère, prenez l'adorable victime entre vos mains, et portez-la vous-même au pied du trône de la divine Majesté. Dites à Dieu que c'est pour le remercier de toutes les grâces qu'il m'a faites jusqu'à ce jour, et pour lui demander toutes celles qui me seront nécessaires dans ma vie sacerdotale. Cette vie, divine Mère, je vous la confie, je serai toujours le petit prêtre de Marie. Divin Jésus, quand je vous élèverai entre mes doigts tremblants, vous bénirez mon père qui sera là aussi pour vous adorer, vous bénirez ma mère, vous bénirez ma sœur. Vous bénirez tous mes chers parents de Voiron qui ont été si bons pour moi ; vous bénirez le bon curé de ma paroisse et cette paroisse tout entière. Vous bénirez de toute l'effusion de votre cœur mes maîtres de la Côte-Saint-André et du Grand Séminaire de Grenoble... Vous vous souviendrez de mes amis. Vous bénirez mes bienfaiteurs : Mgr Fava et son diocèse, les grands Vicaires. Vous bénirez et sauverez la France ; vous bénirez l'Eglise, notre saint Père le Pape, Pie IX, le Sacré-Collège... Mon Dieu, que la terre entière vous loue et vous aime.

Et puis, mon Dieu, vous accorderez la délivrance à ceux de mes parents défunts qui pourraient être encore dans le purgatoire, et aussi au très regretté Don Charles Saisson, général de la Grande-Chartreuse.

Enfin, je vous prierai pour toutes les âmes du purgatoire, pour celles qui pourraient y être à cause de moi ; pour l'âme la plus délaissée, pour la plus proche de sa délivrance.

Ainsi fait et convenu, n'est-ce pas, ô mon

Jésus ? Mais ayez pitié, bien pitié de votre pauvre et heureux prêtre. Je m'offrirai tout à vous, et avec vous, oh ! que le sacrifice soit agréable à votre Père céleste, Jésus, mon Jésus, mon bien, mon trésor, mon amour, mon tout !..

CHAPITRE X

Débuts de son ministère à Vizille. — Un horrible sacrilège.

Après avoir célébré sa première messe avec
une modestie et un saint enthousiasme qui
arrachèrent des paroles d'admiration à plusieurs des assistants, l'abbé Hustache fit ses
adieux aux Directeurs et à ses amis du Grand
Séminaire. Ce ne fut pas sans une profonde
tristesse qu'il s'éloigna de cette maison où il
avait appris, comme il le disait quelquefois,
à aimer Dieu et à estimer à sa juste valeur

la fugitive réalité des biens de la terre. Mais il fallait partir, aller cultiver, dans le champ du Seigneur, la petite portion qui lui serait confiée. Cependant, sa santé était tellement ébranlée, que Mgr l'Evêque jugea à propos de le laisser quelque temps dans sa famille, à Entraigues. Il passa ainsi du 27 mai au 12 septembre, donnant à tous l'exemple d'une patience et d'une résignation parfaites, d'une piété angélique. Sa vie, d'ailleurs, n'était pas oisive ; outre ses travaux d'études, il était heureux de venir quelquefois en aide à M. le curé dans l'administration de la paroisse.

Ecoutons-le nous faire le récit du premier enterrement auquel il présida : « J'ai fait hier pour la première fois un enterrement. On m'a donné un cierge tout fleuri de roses blanches ; le cercueil était couvert de verdure et de lis. Il s'était envolé de son berceau un ange de quinze mois. A mon arrivée à la maison mortuaire on clouait la bière et la pauvre mère pleurait ; j'entendais tout cela de dehors. *Quelle singulière harmonie que le bruit du marteau se mêlant aux sanglots d'une mère !*... Il y avait je ne sais quoi de lugubre qui me serrait le cœur et faisait jaillir des larmes de mes yeux. Mais comment pleurer alors que l'Eglise mettait dans ma bouche ces paroles toutes de joie : « *Louez, enfants ; louez le nom du Seigneur... Béni soit ce nom ; du couchant à l'aurore il mérite nos louanges.* » Non, je ne voulais point verser des larmes sur une âme que la sainte Eglise proclamait immaculée dans sa voie. Je n'en pouvais douter ; celui que j'accompagnais allait recevoir la bénédiction du Seigneur et les miséricordieuses tendresses de son Dieu. Les Principautés des cieux recevaient l'ordre d'ouvrir les portes éternelles devant ce petit roi de gloire ; les Vierges étaient invitées à lui faire une ovation magnifique... Et j'aurais pleuré ? Oh ! non, non... à moins que ce ne fût au souvenir de mon passé. Quel bonheur eût été le mien si j'avais été comme lui enlevé de la terre alors qu'il n'y avait encore dans mon âme que des lis et des roses !... La boue du chemin est si épaisse !... O bel ange à qui j'ai rendu les honneurs suprêmes, priez pour moi dans les cieux. Je n'étais pas digne de cette faveur. La première fleur que j'ai cueillie pour le ciel, dans le jardin du père de famille, était un beau lis. J'entrerai dans ma voie avec confiance, heureux de ce gracieux et doux présage... Faites, ô mon cher ange protecteur, faites qu'à la fin de ma vie on puisse dire de moi, avec la même vérité que je l'ai chanté de vous : *Beati immaculati in via qui ambulant in lege Domini !...* »

Le 12 septembre, M. le curé d'Entraigues remit à l'abbé Hustache la lettre suivante :

Mon bien cher abbé,

Je suis chargé par Mgr l'Evêque de vous annoncer que vous êtes nommé vicaire à Vizille. Vous ne pourrez y faire tout le bien qu'il y aurait à faire et que vous voudrez y faire, mais vous en ferez néanmoins beaucoup par l'exemple, la prière et un zèle ardent. Courage et confiance !...

Tout à vous en N.-S.

F. Mussel, vic. gén.

La première impression de notre pieux vicaire en apprenant cette nomination fut pénible. Il sentait ses épaules si faibles et le fardeau si lourd !... On l'entendit s'écrier à plu-plusieurs reprises : « Mon Dieu, moi vicaire à Vizille !... oh ! combien j'ai besoin que vous veniez à mon aide, combien j'ai besoin d'être un saint prêtre !... » Cependant, il répondit de suite à la voix de ses supérieurs, et le dimanche suivant, il commençait les fonctions du saint ministère.

Les débuts furent bien propres à confirmer ses craintes : « C'est à navrer le cœur, écrivait-il, quelques jours après son arrivée ! Dimanche à la messe de paroisse, il n'y avait que des femmes et des enfants ; aux vêpres, presque personne ; pas un seul chantre ! Pour comble de malheur les deux vicaires n'ont point de voix et le sacristain n'est guère mieux favorisé. Ah ! c'est bien peu digne du Dieu du ciel et de la terre... Tout autour la ville s'épanouit brillante et joyeuse. Les rues sont pleines d'hommes, et certes on ne les entend que trop passer fiers d'eux-mêmes devant l'église déserte !...

« Mon Dieu, c'est donc là que vous m'avez envoyé ! Quels sont vos desseins toujours si miséricordieux ? Hier, quand j'étais découragé, il me semblait que vous me vouliez ailleurs, à la Salette, à la Grande-Chartreuse. Mais non, n'est-ce pas, c'est ici que vous me voulez pour le moment... Vous m'aiderez, vous me soutiendrez, vous m'éclairerez, vous inspirerez mes lèvres ; je vous ferai connaître, aimer. Faites seulement que je vous connaisse et vous aime moi-même chaque jour davantage, et je serai sans crainte à jamais. »

Toutefois, hâtons-nous de dire que le jeune vicaire ne fut pas longtemps sans s'apercevoir qu'à côté d'un grand nombre d'âmes frivoles et indifférentes, il en est encore de bien pieuses, qui s'inscrivent chaque année aux grandes œuvres de l'Eglise : la Propagation de la Foi, la Sainte Enfance, le Denier de saint Pierre... Il trouva des mères qui aimaient véritablement le bon Dieu et le faisaient aimer des leurs, au foyer de la famille... Il admira surtout ces pauvres ouvrières qui, au milieu de compagnes mondaines, menaient une vie tout angélique et poussaient souvent jusqu'à l'héroïsme, la fidélité à leurs devoirs. Aussi, dès le premier novembre il écrivait les lignes suivantes :

« Fête splendide aujourd'hui ; consolations; Dieu soit béni !... La communion ce matin a été nombreuse et l'église absolument pleine.

Vous n'êtes donc pas encore oublié tout à fait, ô mon Dieu !... On a chanté à la grand'-messe : Le bonheur n'est pas sur la terre, le bonheur est dans les cieux, près de vous, Seigneur !... Donnez donc des ailes à nos pauvres cœurs afin qu'ils quittent cette vallée de larmes ; qu'ils volent, qu'ils volent vers vous... Le Ciel ! qui comprendra ce mot ?... »

Pourquoi fallait-il que cette première joie du pieux vicaire fût troublée quelque temps après par le plus horrible de tous les crimes. Il en conservera au cœur une blessure qui ne se refermera jamais. Nous l'avons dit, l'abbé Hustache avait une dévotion particulière pour la sainte Eucharistie. C'était comme le centre où convergeaient toutes ses actions, toutes ses pensées. Le matin il célébrait la sainte messe avec tant de piété, qu'on entendit plusieurs fois les assistants s'écrier : « Voyez donc M. l'abbé, on dirait un ange à l'autel. » Dans la journée, il aimait à se reporter par la pensée au pied du saint Tabernacle, et souvent il s'arrêtait en écrivant pour s'entretenir un instant avec Jésus. En causant, au confessionnal, en chaire, il parlait fréquemment de l'Hôte trois fois saint de nos autels. Au premier crépuscule du soir, pour délasser son âme fatiguée des vains bruits du monde, on le trouvait toujours à l'église. A genoux et immobile, son regard semblait plonger jusque dans la prison du divin Captif, et y prendre son repos. On comprendra maintenant quelle douleur fut la sienne en apprenant le scandale qu'il va lui-même nous raconter :

26 décembre, 10 heures du soir : « Je sors de chez monsieur le Curé, j'ai la mort dans l'âme... On ne peut plus se faire illusion!.. Hier, il s'est passé des choses épouvantables...

Un charbonnier ivre s'est approché de la table sainte conduit par Satan. Je l'ai vu avec sa figure noire, ses cheveux hérissés, ses lèvres et sa langue couleur de feu. Après avoir communié, il a pris l'hostie, l'a mise dans un papier, puis dans sa poche. Ensuite il l'a profanée, il n'a même pas craint de s'en vanter !

Et vos prêtres, ô Jésus, verraient ces choses l'œil sec et la bouche muette ! C'est par ma main que vous avez été placé sur ces lèvres impies, et je ne serais pas un Séraphin désormais !

O Jésus, Jésus! la leçon est trop éloquente! Une misérable créature a porté sur son Créateur une main sacrilège! Eh bien! malgré tout, ce n'est pas votre justice que j'implore, Seigneur, c'est votre amour, votre amour pour le coupable, pour tant de chrétiens indifférents qui entendront le récit de ce malheur sans verser des torrents de larmes! O mon âme, quelle raison d'aimer! Le prêtre qui vous parle, ô Jésus, pourra-t-il encore à l'avenir ne pas travailler de toutes ses forces à devenir un saint?... »

CHAPITRE XI

Ses Catéchismes.

Les renseignements qui nous ont été donnés par le prêtre vénérable, sous la direction
duquel l'abbé Hustache travailla pendant
deux ans, peuvent se résumer en ces mots :
Il resta toujours un parfait Séminariste.
C'est un bel éloge ; car, aujourd'hui plus que
jamais, il y a un vrai mérite à conserver sa
piété dans la première fraîcheur du sacerdoce.
Nous devons ajouter : il fut l'apôtre infati-

gable des enfants. Ce ministère humble et laborieux lui souriait plus que tout autre. Avant son ordination au sacerdoce, il avait écrit dans ses notes sous forme de résolutions : « Je travaillerai beaucoup afin de pouvoir instruire dans mes catéchismes. Rien de plus important que les catéchismes et rien d'aussi difficile. C'est le dogme, ce sont les vérités les plus hautes qu'il s'agit de mettre à la portée de faibles intelligences. Les catéchismes doivent être précis et pourtant intéressants ; ils devraient être si agréables que les parents eux-mêmes ne pussent s'empêcher de venir les entendre ; ils en ont souvent plus besoin que leurs enfants. »

Il tint parole et sut rendre ses catéchismes très attrayants, mais au prix de mille industries qui toutes exigeaient un long travail. Tantôt il développait lui-même la vérité en des termes très clairs et parfaitement compris de son jeune auditoire. Tantôt il feignait de défendre le parti de l'erreur afin d'exciter la perspicacité et l'intelligence du petit groupe chargé de le confondre. Toujours il entremêlait ses leçons d'un ou de plusieurs récits choisis avec beaucoup d'à-propos. Cinq gros cahiers parfaitement remplis nous restent comme un témoignage irrécusable de son dévouement à cette œuvre. Nous insérons quelques extraits qui feront mieux connaître la méthode employée par notre pieux vicaire.

DE DIEU ET DE SA NATURE

« Mes chers enfants, dimanche dernier nous avons commencé à parler plus spécialement du bon Dieu. Nous avons redit ensemble ce nom sacré qu'on ne devrait prononcer qu'à genoux. Aujourd'hui, nous continuerons à étudier cet Etre immense, infini, qui a fait tout ce qui existe, qui nous a faits nous-mêmes, qui remplit tout et soutient tout. Seul, il existe par lui-même et rien n'existe que par Lui. N'oublions pas qu'il est ici, soyons sages, et du fond de son tabernacle il nous bénira. Mais vous êtes sages, à quoi bon la recommandation que je vous fais... Aussi, je vais commencer par une histoire.

Avez-vous entendu parler de Fénelon? C'était un archevêque de Cambrai bien saint et bien savant. Il avait un élève qui était le petit-fils de Louis XIV, et s'appelait aussi Louis. Un soir, ils se promenaient ensemble. La nuit était magnifique, le ciel sans nuages étincelait de mille feux. Toute la nature respirait le calme, la grandeur, la majesté. Le jeune prince pria Fénelon de lui dire quelle heure il était. Celui-ci tira sa montre, elle marquait neuf heures. Oh! la belle montre, s'écria l'enfant... Monseigneur, voulez-vous me permettre de la regarder?... Le bon archevêque la lui remit, et comme l'enfant l'examinait dans tous les sens... — Chose singulière, mon cher Louis, dit froidement Fénelon, cette montre s'est faite toute seule. — Toute seule, répéta l'enfant, regardant son maître avec un fin sourire.—Oui, toute seule. — C'est impossible, Monseigneur. — Pourquoi donc? — Parce qu'il faut trop de précision dans l'arrangement de toutes ces petites roues qui font marcher les aiguilles. Que cela se fasse tout seul, oh! c'est impossible, on vous a trompé, Monseigneur...

Fénelon caressa doucement l'enfant, et lui montrant le ciel resplendissant au-dessus de leurs têtes: — Que dire alors, mon cher

Louis, de ceux qui prétendent que toutes ces merveilles se sont faites toutes seules et qu'il n'y a point de Dieu. — Y a-t-il des hommes assez insensés pour tenir un pareil langage ?— Oui, cher enfant, ils sont en petit nombre, il est vrai, mais encore je ne puis comprendre comment ils peuvent croire ce qu'ils disent, tant il faut faire violence à sa raison, à son cœur et au plus vulgaire bon sens... Oh ! oui, l'univers et ses beautés proclament bien haut l'existence de Dieu. »

« Mes chers enfants, vous aussi vous trouverez des gens qui vous diront qu'il n'y a point de Dieu. Souvenez-vous de la leçon que Fénelon donnait à son élève.

« Savez-vous comment on appelle les malheureux qui ne croient pas en Dieu ? Athées. Ce mot vient du grec *αθεος* qui se traduit ainsi, *a*, sans ; *theos*, Dieu. Qu'ils sont à plaindre ! Mais aussi ils sont bien ridicules, et très souvent le meilleur moyen de leur répondre est de se moquer d'eux.

. . . .

L'abbé Hustache avait le talent particulier de mettre à la portée des enfants les matières

les plus relevées, on en jugera par les réflexions qui suivent :

« Mes chers enfants, écoutez-moi bien ; nous
sommes arrivés à des vérités très importantes.
Nous avons vu comment le Fils de Dieu des-
cendit du ciel pour sauver les hommes, il y a
de cela mil huit cent-soixante-dix-sept ans. Il
voulut naître dans une pauvre étable pour
souffrir, pour expier nos péchés. Il fut un
enfant bien soumis à Joseph et à Marie. Plus
tard, pendant les trois dernières années de sa
vie, il parcourut la Judée, guérissant les malades, prêchant partout son évangile, apprenant aux hommes le chemin du paradis. Enfin
il instruisit douze pauvres pêcheurs qu'il avait
appelés à sa suite ; c'étaient ses futurs apôtres,
ceux qu'il enverrait plus tard par toute la
terre afin de la convertir à la foi.

« Eh bien ! ces douze apôtres sont là maintenant sur le point de commencer leur œuvre.
Leur Maître est mort sur une croix au milieu
de toutes sortes de tourments et d'ignominies ;
puis ils l'ont vu remonter au ciel. Ils rentrent
à Jérusalem avec la promesse que Jésus-
Christ leur a faite d'être avec eux jusqu'à la

fin du monde, avec l'ordre d'aller conquérir l'univers.

« Conquérir l'univers au divin Sauveur !... Mes chers enfants, est-ce que vous vous faites une idée de la difficulté d'une semblable entreprise ? Les hommes d'alors étaient encore bien plus méchants que ceux d'aujourd'hui. Ils ne connaissaient pas le bon Dieu, ils adoraient des statues, des animaux, des plantes. Ils s'abandonnaient à toutes sortes de crimes jusqu'à tuer leurs enfants quand ils étaient malades ou contrefaits. C'étaient ces hommes cependant que les apôtres devaient convertir. Eux pauvres, timides et ignorants devaient aller auprès des puissants et des riches pour leur dire qu'ils venaient leur commander au nom de leur Maître crucifié, d'être sages, de renoncer à leurs idoles, d'adorer Dieu et de le servir.

« Quelle mission, mes enfants, quel travail pour douze pêcheurs (je dis douze parce que Judas avait été remplacé par saint Mathias). Cependant ils se mirent à l'œuvre avec courage. Le saint Esprit qu'ils reçurent le jour de la Pentecôte les remplit de force et de lumière. Dès lors commence leur prédication. Saint Pierre une première fois convertit trois mille hommes et une seconde fois, cinq mille. Mes chers enfants, c'était le commencement de l'Eglise. Vous la voyez bien là, n'est-ce pas, cette société, fondée par Notre-Seigneur Jésus-Christ. D'abord, il n'y a que les apôtres, puis, quelques disciples; ensuite d'autres viennent. Les apôtres les dirigent, saint Pierre dirige les apôtres; c'est l'Eglise qui commence.

« Les premiers chrétiens vécurent en commun, vendant leurs biens pour en donner le prix aux apôtres qui étaient chargés de pourvoir aux besoins de tous. Peu à peu cette famille grandit; c'était l'Eglise qui se développait. Le démon voyant que beaucoup d'âmes lui échappaient entra en fureur contre l'Eglise et lui suscita mille calamités. D'abord ce furent les persécutions. Il inspira aux rois, aux empereurs de ce temps-là de massacrer les chrétiens et de les torturer avec une grande barbarie. Saint Etienne fut le premier qui versa son sang pour l'amour de Jésus-Christ. Après lui, il y en eut des milliers. Les païens inventaient contre eux les supplices les plus terribles. Les uns étaient crucifiés, tués à coups de pierres, brûlés sur des bûchers ou sur des grils ; d'autres broyés sous d'énormes meules, déchirés avec des tenailles, exposés à la rage des bêtes féroces. Et cela ne dura pas moins de trois cents ans. Or, chose prodigieuse ! mes enfants, l'Eglise, qui aurait dû être arrêtée dans ses progrès par cette longue et rude épreuve, grandit au contraire de jour en jour et devint florissante.

« Le démon furieux de voir qu'il n'avait pas réussi à détruire l'Eglise par les persécutions chercha un autre moyen. Il eut recours aux hérésies, c'est-à-dire, qu'il poussa quelques chrétiens à se révolter contre l'enseignement de Jésus-Christ. Le premier qui fit ainsi l'œuvre de Satan fut Arius. Il en vint jusqu'à dire que notre divin Sauveur n'était pas Dieu. L'Eglise le condamna lui et tous ses adeptes. Ils ne se soumirent pas et formèrent une société à côté de l'Eglise. Arius fut suivi de Nestorius, puis d'Eutychès ; l'Eglise les condamna à leur tour. Ne se soumettant pas, ils formèrent encore d'autres sociétés à côté de l'Eglise. Il en vint beaucoup d'autres après eux et enfin les protestants, les jansénistes, les vieux catholiques... Comprenez-vous maintenant, mes chers enfants, qu'il y ait plusieurs Eglises et parmi ces Eglises qu'il y en ait une seule véritable. La véritable, n'est-ce pas, doit être celle qui n'a jamais changé, celle qui existait alors que les autres se sont séparées d'elle pour croire autrement qu'elle. Eh bien! cette Eglise, c'est celle à laquelle nous avons le bonheur d'appartenir. Nous le verrons encore mieux quand nous étudierons les quatre marques qui la distinguent de toutes les autres inventées par les hommes.

« Mais avant, permettez-moi une recommandation. Aimez beaucoup la sainte Eglise!... Elle a été enfantée par Notre-Seigneur Jésus-Christ expirant sur la Croix. Elle a grandi arrosée du sang des apôtres et des martyrs, nos frères. Elle a consolé et sanctifié nos parents et nos amis qui maintenant reposent dans la tombe, elle nous consolera et nous sanctifiera nous-mêmes. Aimons-la bien, mes chers enfants, prions pour elle, sachons la défendre quand on l'attaque. Que ses joies soient nos joies, ses douleurs, nos douleurs. »

Dans ses catéchismes l'abbé Hustache faisait un fréquent usage de la parabole. Il présentait presque toujours son enseignement, même les vérités dogmatiques, sous cette forme, parce qu'il s'était aperçu que c'était le meilleur moyen de frapper son jeune auditoire. Choisissant de préférence les récits dont la sainte Écriture est remplie, il les faisait tous passer sous les yeux de ses petits élèves dans l'espace d'une année afin de leur apprendre l'histoire sainte à la veille d'être proscrite de nos écoles publiques. Voici le préambule par lequel il les prépare à l'étude des Sacrements :

« Mes enfants, écoutez une jolie parabole. Il y avait dans une certaine contrée une plaine toujours verte et fleurie. Au milieu de cette plaine on remarquait une grande et belle fontaine qui répandait partout ses eaux par sept ruisseaux toujours pleins. Ces eaux paraissaient quelquefois un peu amères, mais elles étaient toujours infiniment salutaires. Ici le vieillard devait à leur admirable vertu de recouvrer sa vigoureuse jeunesse ; là ceux qui avaient quelque difformité, quelque défaut naturel, de redevenir beaux, droits, bien conformés. Tous les malades s'en retournaient guéris. Les cadavres mêmes des morts revenaient à la vie quand on les y plongeait avec certaines précautions. Mieux que cela, dans les eaux de cette fontaine merveilleuse les pauvres trouvaient la fortune ; les malheureux, le bonheur ; les âmes tristes, la gaieté et la joie.

« N'est-ce pas que cela est beau, et que vous voudriez tous habiter ce pays enchanteur !... Eh ! bien, réjouissez-vous, mes enfants, et bénissez Dieu de vous avoir fait naître sur cette terre privilégiée. Cette plaine, c'est l'Église ; cette fontaine miraculeuse qui guérit tous les maux, c'est Notre-Seigneur Jésus-Christ avec son sang et ses mérites, et les sept ruisseaux, ce sont les sept sacrements qui portent avec abondance dans la grande famille des chrétiens le trésor des grâces du divin Sauveur. »

Non moins heureux dans une autre circonstance où il s'adresse aux enfants de la première communion, il commence ainsi à leur expliquer les diverses sortes de contritions.

« Un père avait trois enfants qu'il envoyait
chaque matin à son champ garder trois petits
agneaux. Pourquoi, se dirent-ils un jour, rester seuls si longtemps ? Imitons nos camarades, et désormais, sans crainte, allons jouer
avec eux. Pendant ce temps, des loups sortis
d'une forêt voisine se jetèrent sur les agneaux
et les dévorèrent. A leur retour, les enfants
aperçurent de loin les loups qui broyaient à
belles dents les os des pauvres victimes ; tous
trois en étaient inconsolables.

« Mais voici quelle était la cause de leur
chagrin : — Le plus âgé disait : Je pleure parce
que mon père va me frapper et me mettre en
pénitence ; sans cela, je ne pleurerais pas. —
Le second tenait un autre langage : Pour moi,
je pleure en pensant à la punition que je vais
recevoir, mais je regrette beaucoup aussi d'a-
voir causé à mon père tant de douleur.—Enfin
le troisième, plus affligé que ses deux frères,
s'écriait en fondant en larmes : Mon père sera
bien désolé ; j'aimerais bien mieux souffrir
seul toute ma vie que de l'avoir peiné
ainsi.

« Voilà l'image du pécheur qui a offensé

son Dieu ; nous allons voir ce que vaut son repentir dans chacun de ces trois cas..... »

« Nous sommes obligé de borner là nos citations, mais qu'il nous soit permis de relater encore la petite remarque qui fait suite à ses notes sur cette dernière question. Elle nous révèle le zèle héroïque de ce jeune prêtre, malgré l'état déplorable de sa santé, et nous montre l'esprit de foi qui présidait à toutes ses actions.

« *11 heures du soir.* — Je pourrais choisir encore quelques exemples, ceux que le bon Enfant Jésus ne manquerait pas de m'inspirer, mais je suis à bout de forces. Combien je souffre depuis quelque temps ! Mon Dieu, venez à mon aide ; petits anges pour qui j'ai travaillé jusqu'à cette heure avancée, priez pour moi, obtenez ma guérison. Ah ! si j'avais la santé ! Seigneur, que ferais-je ? Votre volonté. Mais je la fais en souffrant... Que votre saint nom soit béni à jamais. *Amen.* »

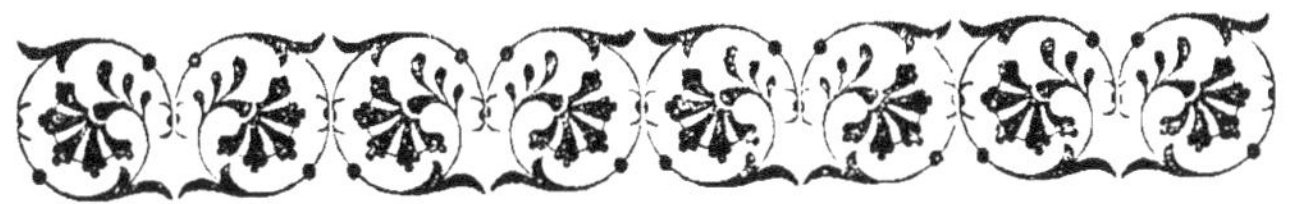

CHAPITRE XII

Ses conseils de direction spirituelle.

L'abbé Hustache apporta toujours dans
l'exercice du saint ministère cette maturité de
jugement qui ne s'acquiert que par une longue
habitude de la réflexion. C'est à cela qu'il
dut de réussir si parfaitement auprès des enfants, de se faire une si juste idée des qualités et
des défauts de cet âge, des dangers que court la
vertu dans le monde, quand le foyer de la famille n'est plus un sanctuaire pour l'innocence, un refuge assuré contre le vice, l'école

des grands devoirs de la vie. La première communion était encore regardée comme un acte important pour le chrétien ; mais si l'empressement à s'y préparer était général et digne d'éloges, quels développements fâcheux avaient déjà pris jusque dans les plus jeunes âmes les inclinations et les penchants mauvais. Le zèle du jeune prêtre devait faire disparaître bien des souillures, triompher des habitudes vicieuses souvent les plus invétérées, avant de les admettre au banquet eucharistique et si, grâce à d'héroïques efforts, ce jour était encore pour l'enfant le plus beau de la vie, pouvait-on envisager l'avenir sans les plus graves inquiétudes ? Sauvegarder sa pureté dès ses plus tendres années, assurer sa persévérance à l'heure des passions violentes, préparer une génération aux convictions fortes et inébranlables, tel était le but que poursuivait le pieux vicaire. Pour y réussir, il n'épargna rien. Nous avons dit un mot de son dévouement à l'œuvre des catéchismes. Il fut peut-être plus admirable encore dans sa persévérance à multiplier les réunions pieuses et instructives, les entretiens familiers. Que d'âmes longtemps éclairées d'une lumière douteuse se sentirent ainsi peu à peu comme entourées d'éblouissantes clartés. Rappeler le bien qu'il fit par ce genre d'apostolat est chose impossible. Il y avait dans ses conseils tant de sagesse et d'abandon, dans ses moindres exhortations tant de piété, dans toute sa personne tant de douceur !

« Mes enfants, s'écriait-il un jour en s'adressant aux plus jeunes, la France a eu un roi qui lui est resté cher entre tous, c'est saint Louis. Savez-vous quel a été le secret de sa sainteté et de sa grandeur ? C'est de n'avoir jamais oublié cette parole de Blanche de Castille, sa mère : « *J'aimerais mieux vous voir mort que de vous voir commettre un péché mortel.* » — Pour augmenter en eux l'horreur du mal, il continue par la comparaison suivante : « Celui qui reste dans le péché ressemble au bûcheron qui revient de la forêt portant un lourd fardeau, il marche péniblement, sue à grosses gouttes, soupire à chaque pas. Tout à coup il rencontre un ami qui s'offre à le soulager : Oh ! non, dit-il, et il continue, ajoutant encore à ce qui l'écrase déjà, jusqu'au moment où il succombe sous le poids. »

Il y a un âge où toutes les puissances de l'âme se tournent facilement vers le bien. Elles sont alors comme la tige flexible qui prend sous la main qui la dirige la forme la plus élancée et la plus gracieuse. Heureux ou malheureux, l'avenir en dépend. La direction prise alors est presque toujours définitive. L'enfant sera dans sa vieillesse ce qu'il aura été dans ses premières années. En voyant autour de lui tant de pauvres jeunes gens devenus pour la vie esclaves de leurs passions, nourris dans les plus funestes préjugés, dépourvus de tout sentiment noble et généreux, l'abbé Hustache était animé de la plus vive compassion, d'un immense désir d'arrêter les envahissements du mal. En toute occasion, il insistait sur ce danger, avait recours aux comparaisons les plus saisissantes. On en jugera par le trait suivant emprunté à la vie des Pères du désert :

« Un vénérable religieux étant dans un champ planté de cyprès de toutes sortes et de différentes grandeurs, accompagné de ses disciples, pria l'un de ceux-ci d'arracher un de ces arbres qu'il lui montra. Le disciple tira le cyprès avec une seule main et l'arracha sans aucune peine, parce qu'il était petit. Arrachez maintenant celui-ci, lui dit le Père, en lui désignant un cyprès d'une taille un peu plus élevée ; il obéit, mais avec plus d'efforts et en employant les deux mains. Pour en arracher un troisième, il eut besoin du secours d'un autre religieux. Enfin pour un quatrième, tous les cénobites se réunirent inutilement, ils ne parvinrent même pas à l'ébranler. Alors le vieillard leur dit : « Ceci est l'image des passions. Dans le principe, quand elles n'ont pas encore pris racine dans notre âme, il est fafacile de s'en rendre maître, mais quand l'habitude les a en quelque sorte soudées à notre nature, ce n'est qu'au prix des plus grands efforts qu'on parvient à les extirper, et encore ne réussit-on pas toujours. »

Ce zèle pour le salut des pécheurs, ce feu dévorant de la charité, il l'avait allumé dans son cœur, encore jeune séminariste, lorsqu'il parcourait chaque jour, en versant d'abondantes larmes, les diverses stations du chemin de la croix. Avec saint Augustin, il ne pouvait assez déplorer l'aveuglement des hommes qui s'affligent lorsque l'âme se sépare du corps, et restent indifférents lorsque Dieu est chassé de l'âme par l'iniquité : « *Luges corpus à quo recessit anima, non luges animam à quâ Deus recessit.* »

Un moyen qu'il aimait à redire efficace entre tous pour préserver du naufrage, c'était de parler sans cesse du don que nous fit Jésus à la dernière Cène. On ne peut rester insensible à la bonté du Sauveur dans le sacrement d'amour. Aussi était-ce son sujet de prédilection.

« Mes chers enfants, je trouve un grand bonheur à vous parler de la sainte Eucharistie. Je vous l'avoue, rien dans toute notre sainte religion ne me touche au même degré. Les hommes sont vraiment bien ingrats de ne pas aimer davantage Notre Seigneur Jésus-Christ. Ce matin, le souvenir de ma première communion, de toutes les communions que j'ai faites depuis, de celles qui se sont faites dans le monde entier, m'a tellement ému que je n'ai pu retenir mes larmes. Sans doute, mes enfants, vous y avez pensé vous aussi quelquefois, et vous avez compris qu'entre l'amour de Dieu pour nous et notre indifférence à son égard il y a tout un abîme... » Comme on reconnaît bien à ce langage, celui qui, dès ses premiers pas dans le sanctuaire s'était écrié : « *O Jésus, attirez-moi dans votre tabernacle saint. Que toujours je travaille devant l'hostie. Que devant l'hostie je vive, que nourri de la sainte hostie je meure, ô Jésus, Dieu caché !* » Jésus hostie ! oui c'était bien là le foyer brûlant qui vivifiait toutes ses actions. En versant l'eau régénératrice sur le front du nouveau-né, il se réjouissait à cette pensée que ses mains consacraient ainsi un temple qui recevrait un jour l'Hôte divin de nos autels. Les derniers restes de sa santé si ébranlée, il les donnait avec joie pour ce Dieu d'amour. Son ministère auprès des enfants l'accablait ; mais il était si heureux au jour de leur première communion ! Leur persévérance lui coûtait beaucoup de peine, lui réservait souvent d'amères déceptions, mais Jésus trouve tant de charmes dans un cœur fermé à tous les plaisirs coupables pour n'aimer que Lui. Que de fois, pour réchauffer les tièdes, pour encourager les timides, pour affermir les faibles, on l'entendait répéter cette parole : « *Le corps sorti de la terre trouve sa nourriture sur la terre, mais notre âme descendue du ciel a besoin d'une nourriture céleste.* » Puis il ajoutait aussitôt : « On est fort quand on sait puiser à la source de vie ; on est heureux près de l'objet de son amour. » C'est à ce pieux rendez-vous qu'il invitait toutes les âmes à le suivre. « Mes enfants, vous qui avez le cœur tendre et généreux, tournez-le, ce cœur vers le divin captif. Que votre unique désir soit de lui plaire. Chaque matin à votre réveil, offrez-lui votre journée ; que votre première parole soit son saint nom, Jésus ; votre première action, le signe de la croix. »

Il ne pouvait se faire à cette triste réalité, que nos églises, habitées par le Roi des Rois, fussent si souvent sans adorateurs. « On passe devant la porte, on y passe encore et personne n'entre. On trouve du temps pour visiter ses amis, pour leur communiquer des nouvelles, et Jésus est seul, pas une âme pour lui tenir compagnie. Il faut que les anges quittent le ciel pour entourer son tabernacle et cependant ce n'est pas pour les anges, mais pour nous que Jésus est là !! »

Le grand obstacle contre lequel venaient échouer souvent et la sagesse du pieux directeur et la bonne volonté des âmes les plus généreuses, il nous le révèle lui-même dans une note qu'il nous a laissée :

« J'ai lu dans saint Ambroise, dit-il, l'histoire de deux jeunes gens qui avaient vécu longtemps dans la plus étroite amitié. Après une séparation assez longue ils se rencontrèrent un jour. L'un d'eux, tout rayonnant de joie, se précipite au-devant de son ami et lui prodigue les témoignages de la plus vive sympathie. Mais celui-ci reste impassible et ne lui accorde pas même un regard de bienveillance : « Vous ne me reconnaissez pas, s'écrie « alors l'ami atterré, hors de lui, je suis un tel. « — Je le vois bien, répondit l'autre, mais moi « je ne suis plus un tel. » — Mes enfants veillez sur vos liaisons, ne laissez jamais dans votre cœur une place à un ami qui n'en serait pas digne. »

Ce danger si général aujourd'hui était d'autant plus à redouter qu'il y avait impossibilité absolue pour un grand nombre de l'éviter. L'enfant le rencontrait à chaque pas. Le jeune homme, plongé dans le vice, y avait trouvé l'écueil fatal. Mais parmi tant de malheureuses victimes il y en avait dont il ressentait la perte plus vivement, je veux parler de ces pauvres ouvrières, accourues souvent de très loin pour gagner par une vie de travail et de privations le pain de chaque jour. Anges de vertu au sein de leur famille, leur candeur et leur innocence même constituaient pour elles un immense danger. L'inexpérience ne leur avait rien laissé prévoir. Surprises tout à coup par l'ennemi de leur âme, elles ressemblaient à un petit enfant qui, du haut d'un rocher escarpé, regarde l'abîme ouvert devant lui. La tête lui tourne, il chancelle, il tombe, et roule jusqu'au fond. N'était-ce pas là l'histoire aussi triste que vraie de tant de personnes qui, en quelques mois, perdaient leur vertu, leur honneur, tout ce qui faisait si légitimement l'orgueil de leur famille et l'espoir de la sainte Eglise? Mais, hâtons-nous de le dire, au milieu du désert brûlé par le soleil, on trouve l'oasis pleine de fraîcheur ; dans la forêt battue par l'ouragan, le chêne qui résiste est plus vigoureux et plus fort. A côté de sa compagne frivole vivait la jeune fille humble et sans prétentions, héroïque dans le bien. C'est à celle-ci qu'il disait : « Vous vous plaignez des difficultés, mais n'avez-vous pas dans la crainte et l'amour de Dieu un antidote infaillible contre les séductions de toutes sortes? La création la plus merveilleuse de la religion est celle des filles de la charité. Ecoutez les paroles de leur saint fondateur et vous verrez que toutes, vous êtes religieuses à leur manière : «Vous avez, leur dit-il, pour monastère la maison des pauvres, pour chapelle l'église paroissiale, pour clôture les rues des villes, pour grille la crainte de Dieu, pour voile la sainte modestie. »

Insistant ensuite dans le même entretien sur la conduite à tenir pendant les allées et venues à travers la ville, il ajoutait :

« La jeune fille est comme une armée, quand elle n'a pas de réserve elle est perdue. »

A celles qui se lamentaient d'être sans défense contre le mal, il répétait souvent avec autant de délicatesse que de vérité :

« Il y a la fleur qu'on respecte à cause des épines qui l'entourent, il y a aussi celle qu'on respecte à cause de son éclat à la fois humble et majestueux qui en impose. »

Sa manière de diriger les âmes qui paraît diversifiée à l'infini, au fond était une. Elle était basée tout entière sur ces paroles du Divin Maître : « *Celui qui mange ma chair a la vie, il demeure en moi, et je demeure en lui.* » Avait-il affaire à une personne déjà arrivée à un degré de perfection, il l'amenait à progresser sans cesse, à éviter le relâchement et la tiédeur par la communion fréquente. Rencontrait-il sur son chemin un pécheur endurci, un jeune homme complètement asservi par ses passions, il trouvait encore dans le pain des forts un remède et le seul véritablement efficace pour le guérir de l'habitude du péché et l'affermir dans l'état de grâce. « La vertu de rafraîchir, dit le bienheureux Albert-le-Grand, n'est pas plus naturelle à l'eau que celle de modérer les ardeurs de la concupiscence ne l'est au sacrement de l'autel. »

Que de sagesse dans cette conduite !

On réussit quelquefois, il est vrai, à prendre d'assaut une ville ; on réussit toujours à s'en emparer en lui coupant les vivres. Notre âme est continuellement en état de siège. Si l'ennemi aperçoit encore un côté faible, c'est par là qu'il entre dans la place. Est-elle partout puissamment défendue ? Il la prend par la famine en l'éloignant de la sainte Eucharistie. Loin de nous à jamais ce funeste rigorisme qui a causé tant de mal. A l'exemple de ce jeune prêtre, répétons sans cesse aux chrétiens nos frères ces paroles de saint François de Sales : « *Si les mondains vous demandent pourquoi vous communiez si souvent, dites-leur que deux sortes de gens doivent souvent communier : les parfaits et les imparfaits ; les forts afin qu'ils ne deviennent faibles, et les faibles afin qu'ils deviennent forts ; les malades afin d'être guéris, les sains afin qu'ils ne tombent en maladie... Dites-leur que ceux qui n'ont pas beaucoup d'affaires mondaines doivent souvent communier parce qu'ils*

en ont la commodité, et ceux qui ont beaucoup d'affaires mondaines parce qu'ils en ont
la nécessité. »

Mais peut-être quelques-uns trouveront-ils
ce langage étrange et difficile à concilier avec
le respect dû à la sainteté infinie de Dieu.

« *Dites-leur*, ajoute le même saint, que
*vous recevez le saint Sacrement pour appren-
dre à le bien recevoir, parce que l'on ne fait
guère bien une action à laquelle on ne s'exerce
pas souvent.* »

Plus explicite encore, un prêtre (1) qui, par
sa situation, fait autorité en cette matière,
s'exprime ainsi :

« *Voulez-vous diminuer le nombre des communions indignes? Rendez-les plus fréquentes.* »

(1) L'abbé Toureau, supérieur du collège de Bazas (Gi-
ronde.)

CHAPITRE XIII

« J'ai mon brouillard et mon beau temps au
dedans de moi, » a dit Pascal. L'éloquent écri-
vain ne pouvait dire avec une plus heureuse
originalité d'expressions qu'il ressemblait à
tout le monde. Le nombre de ceux qui réus-
sissent à se soustraire aux caprices de l'humeur est bien restreint. Gai un jour, triste le
lendemain, l'homme qui a versé au berceau
sa première larme, en versera, après beaucoup
d'autres, une dernière sur le bord de la

tombe. La douleur est notre partage ; elle est inséparable de nos joies les plus pures. « Il faut rire avant que d'être heureux, de peur de mourir sans avoir ri. (1) » La vertu seule corrige dans une certaine mesure cette infirmité naturelle et saint François de Sales doit à la parfaite et constante sérénité de son âme d'avoir rendu la vertu aimable. On a dit de l'abbé Hustache qu'il entraînait tous les cœurs après lui, tant il était difficile de résister aux attraits de la sympathie que sa présence faisait naître. Toujours calme et souriante, sa physionomie était comme l'onde paisible où le soleil se reflète avec ses couleurs les plus éclatantes. Mais il faut l'avouer ici, ce qui le rendait à la fois si agréable à Dieu et aux hommes fut fatal à sa santé. Le bûcheron, avant de succomber sous son fardeau, en avertit par ses soupirs ; l'abbé Hustache était à bout de forces, impuissant au point de ne pouvoir se soutenir et personne n'avait entendu une plainte. Son vénérable curé lui-même qui l'honorait d'une affection toute

(1) La Bruyère, *Caractères*.

paternelle, très inquiet pour l'avenir, ne croyait pas à un danger imminent. En le déchargeant successivement des fonctions les plus pénibles du saint ministère, son principal mobile était de s'assurer pour longtemps son heureuse et féconde collaboration. Et, cependant, un examen sérieux allait bientôt découvrir la profondeur d'un mal peut-être déjà irrémédiable. La souffrance le minait depuis de longues années, l'excès du travail lui porta le dernier coup. Le cher malade partageait l'illusion commune. Aussi ce fut pour lui plus que de l'étonnement quand il s'entendit répéter qu'un repos complet lui devenait nécessaire. Contre son inflexible volonté de se dévouer jusqu'à la fin vinrent échouer les affectueux conseils de ses amis, et les plus touchantes supplications de sa famille qui le rappelait auprès d'elle ; il ne céda qu'à un ordre formel de M. le docteur Dumolard, son médecin. Comme la colombe, il revenait à l'arche, sous le toit qui avait abrité ses heureuses années d'enfance. Pauvre comme au premier jour de son ministère, il avait du moins un immense trésor de mérites devant Dieu et par-dessus tout une foi vive. Dès qu'il fut convaincu des desseins de la Providence sur lui, il accepta l'épreuve comme une visite du divin Maître, comme une retraite spirituelle dont son âme avait grand besoin après une vie de combats où il craignait de s'être trop oublié pour penser aux autres. Au reste, l'espoir est facile à l'enfant reçu à bras ouverts par ses parents, et puis la maladie rebelle à tous les soins ne l'est pas toujours à ceux d'une mère !

Partout son âme si sensible devait rencontrer dans la nature la poésie religieuse, pour lui l'idéal du beau. Le printemps qui l'avait devancé jetait à profusion sur son chemin les fleurs aux couleurs variées, aux délicieux parfums. On commençait à offrir à Marie les prémices de la saison nouvelle. Le long du tortueux sentier, on voyait de nouveau se dérouler le flot, un instant interrompu, des pieux pèlerins gravissant la montagne où était venue pleurer la Mère des douleurs. C'était Bethléem avec les charmes qui ravissaient saint Jérôme :

« Dans cette campagne du Christ tout est

simplicité, tout est silence. Où que vous alliez, le laboureur appuyé sur sa charrue, murmure les louanges de Dieu; le moissonneur se délasse par le chant des psaumes. »

Respirer l'air natal au milieu de cette atmosphère bénie, n'était-ce pas un sûr moyen de guérir ? Un mieux se produisit, il alla même s'accentuant peu à peu quoique lentement et dès le 13 septembre il put écrire la lettre suivante qui remplit de joie celui qui la reçut et les nombreux confrères auxquels il la communiqua.

« Mon cher Ami,

« Remercions le bon Dieu : les forces me sont un peu revenues, ma santé s'améliore. Sans doute je suis encore un ouvrier infirme, le dernier des ouvriers ; malgré cela j'ai eu le courage de demander à Monseigneur un petit coin de terre à cultiver dans le champ du Père de famille. Notre-Seigneur m'aidera à y faire modestement son œuvre. Pourvu que le mouvement, qui paraît s'effectuer en moi vers la santé, ne s'arrête pas, tout ira bien. La plupart du temps je suis plein d'espoir. Est-ce que je me fais illusion ? Cela est à craindre. Mais il vaut mieux attendre sur la brèche la venue du Maître. Je me surprends à faire des projets comme si je devais vivre encore cinquante ans. Si je n'ai plus de vie que pour cinquante mois ou cinquante semaines, le bon Dieu le sait, et ce qu'il sait est bien. Pour moi je l'ignore et mon ignorance est bonne aussi. Je l'aime ; elle me donne l'occasion de répéter quelques fois de plus : *Pater, fiat voluntas tua.* »

Inutile de dire que son zèle le trompait encore. Sa vertueuse famille redoutait pour lui ce départ prématuré et ses nombreux amis manifestaient hautement leurs inquiétudes. Il eut le tort de croire que pour obéir à Dieu il devait se ranger parmi les combattants ; il oubliait que ses prières ferventes remportaient des victoires et qu'aujourd'hui surtout que la prière diminue sur la terre, en lui laissant assez de forces pour prier, Dieu l'honorait d'un glorieux ministère : « Pour que la société soit en repos, a dit un homme d'Etat célèbre, il faut qu'il y ait un certain équilibre que Dieu seul connaît, entre les prières et les actions, entre la vie contemplative et la vie active. Je crois, tant ma conviction sur ce point est forte, que s'il y avait une seule heure d'un seul jour où la terre n'envoyât aucune prière au ciel, ce jour et cette heure seraient le dernier jour et la dernière heure de l'univers. (1)»

Empressé de se rendre à ses désirs, Monseigneur l'Evêque lui assigna la paroisse de Chambalud. Sa Grandeur espérait qu'un travail modéré sous un climat particulièrement favorable assurerait sa complète guérison.

Dès les premiers jours, tout le monde aimait le jeune prêtre; je dirai plus, il était l'objet de la vénération. On admirait son active sollicitude pour la sanctification des âmes souffrantes, son rare talent à ranimer dans les cœurs les salutaires pensées de l'Eternité. « Tout le but de l'homme est d'être heureux, dit Bossuet; mettre le bonheur où il faut, c'est la source de tout le bien, et la source de tout le mal est de le mettre où il ne faut pas. » Devenu, jeune encore, pasteur des âmes, il se faisait une si haute idée de sa

______

(1) Donoso Cortès.

mission qu'il craignait de n'être pas le guide sûr que demandait une affaire de cette importance. « *Mon Dieu, l'entendit-on souvent s'écrier, faites que je ne sois pas ici pour la ruine de ceux que vous êtes venu sauver et pour lesquels vous avez versé jusqu'à la dernière goutte de votre sang !* »

Cette profonde humilité qui lui inspirait une extrême défiance de lui-même, redoublait sa confiance dans les moyens surnaturels. C'est sur l'action des sacrements, qui est l'action même de Jésus-Christ, qu'il comptait pour opérer le bien. Et comme la jeunesse est le printemps, l'espoir de l'avenir, la première, elle attira ses regards et connut les trésors de son cœur : « Ne vous étonnez pas, mes frères, si à peine arrivé au milieu de vous, je m'inquiète de vos enfants. J'aime les âmes candides et pures des enfants, je les ai beaucoup aimées déjà ailleurs, je les aimerai toujours parce que mon Maître et mon Dieu m'en a donné l'exemple. Combien il me tarde de me trouver au milieu d'eux dans la douce et sainte famille du catéchisme ! » Hélas ! pourquoi faut-il que nous ayons la douleur de l'entendre bientôt s'écrier :

« Mon Dieu, donnez-moi les forces qui me manquent pour rendre ces catéchismes aussi agréables qu'utiles. »

Un affaiblissement insensible d'abord, commença à se manifester; le froid de l'hiver hâta les progrès du mal et bientôt ses chers paroissiens versaient des larmes le dimanche autour de la chaire de vérité en voyant au prix de quels efforts il transmettait jusqu'à eux les derniers accents de sa voix éteinte. On répète encore avec attendrissement à Chambalud, les paroles qui terminaient sa pieuse exhortation du jour de l'an : « *En résumé, mes Frères, que votre sillon soit moins dur et plus fécond, que vous deveniez tous des saints, tel est le double vœu que votre pasteur forme pour vous. Dieu, toujours infiniment miséricordieux, l'exaucera, je l'espère. Me permettra-t-il d'en être l'heureux témoin ? Selon les probabilités humaines, je dois répondre : Non. Quoi qu'il en soit, mes bien-aimés paroissiens, ici-bas ou là-haut, je vous appartiendrai, je m'intéresserai à vous, je prierai pour vous.* »

Il serait difficile d'imaginer aujourd'hui l'émotion que produisirent ces paroles. La gravité du mal n'était encore connue que d'un petit nombre de personnes dévouées, qui rivalisaient d'un saint zèle pour seconder sa vertueuse sœur dans les soins qu'elle lui prodiguait. Dès ce jour la douleur est universelle. On peut sans exagération affirmer que tous les cœurs étaient tournés vers le pauvre malade. Les moindres détails, les plus petites nouvelles le concernant, circulaient de bouche en bouche jusqu'aux membres les plus éloignés de la famille éplorée. Une journée passée sans crises aiguës les comblait tous de joie. Sa voix paraissait-elle un peu plus libre ? on était plein d'espoir. Puis le lendemain recommençaient les angoisses avec les symptômes alarmants.

Plusieurs mois s'écoulèrent dans ces douloureuses alternatives, mais la maladie qui brisait son corps ne pouvait dompter son âme. Toujours plongé dans les plus sublimes contemplations, on l'entendait au plus fort des souffrances redire avec amour ces paroles : *« O Marie, ma bonne Mère, faites-moi mourir afin que j'aille vers vous, ou bien faites-moi vivre afin que je vous fasse aimer. Si c'est votre sainte volonté, ó Marie, faites-moi souffrir afin que je vous montre combien je vous aime.»*

C'est à ce moment qu'il eut encore le courage d'écrire quelques lignes exquises de résignation et d'esprit de foi. C'est un dernier rayon qu'il jette sous un ciel hélas! bien sombre.

« Mon cher Ami,

« Ma santé est bien éprouvée. L'état général paraît peu changé, mais le mal s'est localisé et a fait d'affreux ravages. Le filet de voix qui me restait a disparu. Impossible de faire quatre notes de suite sans tousser. Et quelle toux, mon Dieu! Qu'elle est donc douloureuse depuis quelques jours! Je veux bien espérer encore; mais que cette espérance est peu solide et mal fondée! Je crois que pour parler raisonnablement et sans illusion, il faudrait dire avec le poète que je verrai bien encore reverdir le gazon, mais je ne verrai pas tomber la dernière feuille des arbres. En attendant, je me confie au bon Dieu et quand je pense à la mort, cette pensée ne m'effraie pas. Je suis tout à fait tranquille et résigné... »

11.

Il songea aussitôt à revenir au sein de sa famille ; là il retrouvait sa petite cellule de séminariste et son lit de souffrance. Mais il avait promis à Dieu, au jour de son ordination, de se donner à lui sans réserve. Partir au moment où le prêtre doit le plus se dépenser pour son troupeau, s'éloigner de ceux qu'il aimait sans avoir célébré avec eux la Pâque, à l'exemple du divin Maître, serait indigne du vrai pasteur qui sacrifie sa vie pour ses brebis. Il résolut donc de différer son départ et de les préparer lui-même à l'accomplissement du devoir pascal. L'héroïsme de sa conduite tint lieu des plus éloquentes prédications, et rarement on a vu dans cette religieuse paroisse les chrétiens s'asseoir à la table sainte plus nombreux et mieux disposés. Dieu avait eu pour agréable le labeur suprême de son apostolat. En retour, il l'exauça au-delà de ses espérances en lui conservant assez de forces pour aller mourir sous le regard de Notre-Dame de la Salette, au pied de cette montagne qu'il avait gravie si souvent et avec tant de bonheur. Le saint homme Job, dépouillé de ses biens, couvert d'ulcères, outragé et calomnié par ses meilleurs amis, s'écriait avec transport : « *Je sais que mon Rédempteur est vivant ; je sais que je ressusciterai de la terre, que je serai revêtu de nouveau de cette chair, que je verrai mon Dieu, que je le verrai de mes propres yeux, que je le contemplerai.* » Ces saintes consolations de la foi soutenaient l'abbé Hustache ; il n'en voulait plus d'autres. Jusqu'à la fin de cette maladie qui devait être la dernière, rien ne put distraire son esprit de son intime et continuelle union avec Dieu. Comme l'exilé, il oubliait, à la vue du port, les épreuves du passé et les fatigues de la traversée. Les yeux fixés sur le rivage, son cœur savourait d'avance les ineffables délices de vivre en la compagnie de Jésus, la joie des bienheureux ; avec Marie, sa tendre Mère ; avec les anges, ses protecteurs ; avec les saints, ses frères bien-aimés.

La veille de l'Assomption, sa faiblesse était telle, qu'il crut arrivé le moment de la délivrance. Son regard presque éteint ne voyait plus ; le froid de la mort envahissait son corps ; seul, son cœur, embrasé d'amour, concentrait toute l'énergie de son être et s'exhalait en soupirs brûlants vers Marie dont il espérait célébrer au ciel, le lendemain, le glorieux triomphe. Pour s'y préparer, il demanda à communier une dernière fois ; il reçut son divin Sauveur avec la ferveur d'un chérubin. A sa prière, on lui administra le même jour le sacrement de l'Extrême-Onction, et malgré les douleurs que lui causait chaque parole qu'il prononçait, il répondit distinctement à toutes les prières de l'Eglise, suppliant Dieu d'accepter le sacrifice de sa vie en réparation du mal qu'il avait commis. Cependant, ce n'était pas encore l'heure marquée par la Providence, qui voulut le laisser quelques jours attaché à la croix pour l'édification des âmes qui s'empressaient autour de lui, désireuses d'y apprendre le secret de bien mourir. Ne pouvant plus réciter le saint office, ni articuler aucune prière, les noms de Jésus, Marie, Joseph, Marie Immaculée, Notre-Dame de la Salette, revenaient sans cesse sur ses lèvres. Enfin, le 28 août, il entrait paisiblement en agonie. C'était le jour où chaque année la famille se réunissait joyeuse pour lui souhaiter sa fête. On courut au jardin cueillir un magni-

fique bouquet de fleurs blanches que sa pieuse
sœur plaça dans la main d'Auguste. Elles produisirent sur lui une sensation si vive qu'il en
distingua encore les couleurs et s'écria avec
un doux sourire : « *Oh ! que mon âme n'est-
elle aussi blanche que ces fleurs !* » Peu après
il expirait, ayant dans sa main droite le crucifix, qu'il avait si souvent arrosé de ses larmes
et le bras gauche étendu sur son bouquet de
fleurs. A son chevet on voyait une image de
Marie et à côté, son cher bréviaire ouvert à
l'endroit même où il était tombé de sa main
défaillante. Son père, sa mère et sa sœur, dans
l'excès de leur douleur, étreignaient avec
force son pauvre corps comme pour retenir le
souffle de vie qui venait de lui échapper. Ses
nombreux amis, accourus pour recevoir son
dernier soupir, éclataient en sanglots et se re-
tiraient, ne pouvant supporter un pareil spec-
tacle. Arraché à la patrie de ce monde, il était
transporté par les anges dans la Jérusalem céleste. Pour lui se réalisaient les paroles d'un
pieux et célèbre religieux (1) : « L'homme peut,

(1) Le comte Schouvaloff.

ô mon Dieu, en s'élevant vers vous chaque jour davantage, se rapprocher de vous de telle sorte qu'au moment d'abandonner la terre il n'a plus qu'à faire un pas pour s'élancer dans le sein de votre éternité. » Il mourait, *nourri de la sainte Hostie*, les yeux tournés vers le tabernacle, auprès duquel il avait passé les moments les plus heureux de sa vie.

Au jour de ses funérailles, véritable jour de triomphe pour la religion, la population tout entière se leva pour l'accompagner à sa dernière demeure. Les prêtres vinrent nombreux pleurer sur son cercueil ; ils avaient perdu en lui un ami fidèle et le modèle le plus accompli. En termes éloquents et profondément émus, M. l'archiprêtre de Valbonnais fit ressortir les deux vertus qui brillèrent le plus dans l'abbé Hustache : l'humilité et la douceur. Mais l'éloge de sa vie, il était dans toutes les bouches, et nulle part plus simple et plus vrai que dans ces paroles qui circulaient parmi la foule, après ses funérailles : « *Pourquoi pleurons-nous ? Nous sommes au moins sûrs maintenant d'avoir un saint dans notre cimetière.* » Il repose aujourd'hui à l'ombre de ce clocher, qui retentit des sons joyeux qui saluèrent les jours de sa naissance et de sa première communion ; contre le mur de cette église où il eut l'insigne honneur d'être compté parmi les docteurs en Israël et de tenir entre ses mains la victime trois fois sainte ; à côté de ce petit ange de quinze mois, dont il écrivait, après lui avoir rendu les honneurs funèbres ; « *Faites, ô mon ange protecteur, faites qu'à la fin de ma vie on puisse dire de moi avec la même vérité, que je l'ai chanté de vous : Beati immaculati in viâ qui ambulant in lege Domini.* » — Depuis, dans le champ du repos sont venus prendre place auprès de lui son vertueux père, si profondément affligé de sa perte, et ce pasteur vénérable, dont la dernière et la plus rude épreuve fut de voir descendre dans la tombe, avant lui, celui en qui il avait fondé de si légitimes espérances. La piété filiale et l'amitié reconnaissante ont ombragé d'une verte couronne de cyprès ses cendres précieuses, que protège un mausolée d'une douce gravité. Un grand livre ouvert et deux lis qui l'entourent redisent à chacun les trésors de foi et l'angélique pureté de ce jeune prêtre, mort à vingt-huit ans. Aucun passant ne vient s'agenouiller aux pieds du Maître sans saluer le serviteur. Son tombeau parle à l'âme ; cette pierre froide est pour tous un enseignement vivant : *defunctus adhuc loquitur*. A peine paru sur la terre, Dieu l'a rappelé à Lui, et cependant son souvenir restera gravé dans notre mémoire, car en quelques années il a parcouru une longue carrière : *Consummatus in brevi, explevit tempora multa.*

TABLE DES MATIÈRES

LYON. — Impr. VITTE ET PERRUSSEL, rue Sala, 58.

www.ingramcontent.com/pod-product-compliance
Ingram Content Group UK Ltd.
Pitfield, Milton Keynes, MK11 3LW, UK
UKHW021641170726
13836UKWH00005B/2319